Hurra, heute kommt der Osterhase!
Die schönsten Ostergeschichten für Erstleser

Ursel Scheffler

Ostergeschichten

Illustriert von Silke Brix

www.leseloewen.de

1. Auflage 2012
© für diese Ausgabe 2012 Loewe Verlag GmbH, Bindlach
Als Einzelband bereits im Verlag erschienen:
Leselöwen-Ostergeschichten (Ursel Scheffler)
© 1995, 2010 Loewe Verlag GmbH, Bindlach
Umschlagillustration: Patrick Wirbeleit
Umschlaggestaltung: Christian Keller
Printed in China

www.loewe-verlag.de

Inhalt

Warum die Ostereier bunt sind 7

Tüftel macht eine tolle Erfindung 10

Omas Osterkorb 18

Der Dieb in der Osternacht 25

Die Osterbacke 33

Flunkerfranz 38

Klettermax und die Osterglocken 41

Der Ostergeist 46

Poldi will Osterhase werden 50

Warum die Ostereier bunt sind

Vor langer, langer Zeit gab es noch keine bunten Ostereier. Sie waren so weiß, wie die Hühner sie gelegt hatten. Die Osterhasen kochten sie ab und versteckten sie in der Osternacht in den Gärten und auf den Wiesen.

Aber da passierte es einmal, dass es in der Osternacht schneite. Es schneite und schneite und wollte gar nicht mehr aufhören.

Als die Kinder am Ostermorgen aus dem Fenster sahen, war alles weiß. Und als sie draußen Ostereier suchten, fanden sie kein einziges.

Wie sollten sie auch im Schnee weiße Eier entdecken?

Mit rot gefrorenen Nasen und kalten Füßen kamen die Kinder zurück. Sie waren sehr enttäuscht und sehr traurig.

Ein kleiner Hase saß am Wegrand und

dachte: „Wir sollten die Eier bunt färben, damit man sie auch im Schnee finden kann!"

Er lief nach Hause und berichtete von seinem Einfall.

„Das ist eine gute Idee", sagte der Hase Kaspar, der ein begeisterter Landschaftsmaler war. Und er malte gleich ein paar Mustereier.

Die Hasenkinder wollten auch Pinsel und Farben haben. Sie übten und übten.

Als es Sommer war, stöhnte die Hasen-mutter: „Ich kann keine Rühreier und Pfann-kuchen mehr sehen! Und die Backen tun mir schon weh vom Eierausblasen." Denn selbstverständlich übten die Hasen an aus-geblasenen Eiern.

Die schönsten hängten sie an die Bäume. Dort schaukelten sie lustig im Wind. Alle, die vorbeikamen und es sahen, freuten sich darüber.

Noch heute findet man in manchen Gegenden solche bunt geschmückten Osterbäume.

Die Hasenkinder aber konnten es gar nicht erwarten, bis endlich wieder Ostern war und sie ihre Kunst an echten Eiern ausprobieren konnten.

Seitdem gibt es bunte Ostereier!

Und seitdem finden die Kinder alle Oster-eier. Auch wenn es mal an Ostern geschneit hat.

Tüftel macht eine tolle Erfindung

Die Osterhasen von Dotterbach saßen vor ihren Häusern in der Sonne und malten Ostereier an. Nur noch drei Tage bis Ostern! Es war höchste Zeit.

Ein Hase fehlte: Tüftel.

Er saß in seinem Gartenhaus und bastelte an einer Eierkochundmalmaschine.

Tüftel hatte für alles eine Maschine. Eine Zahnputzmaschine, eine Kaffeekochmaschine, eine Mohrrübenschälmaschine, eine Waschmaschine, eine Weckermitmusikmaschine.

Überall schnurrte und surrte es in seinem Haus. Fast wie bei den Menschen.

„Jetzt muss es klappen", brummte Tüftel und schaltete die Maschine ein.

Dreißig Eier setzten sich auf einem Lochgitter in Bewegung. Sie fuhren durch einen

Dampftunnel, in dem es zischte und fauchte. Dort blieben sie genau 422 Sekunden.

Dann kamen sie herausgefahren und kullerten in eine von fünf Rinnen.

Dreißig Eier, das waren sechs für jede Rinne.

Diesmal klappte es.

Jede Rinne führte zu einem Farbbad, das war rot, grün, gelb, blau oder orange. Dort blieben die Eier genau fünf Minuten.

Dann kamen sie auf der anderen Seite heraus. Sie rollten auf einem Förderband zu einer Bürstenreihe. Dort wurden sie mit Fett eingepinselt, damit sie schön glänzten.

Dann verteilten sich die Eier wieder auf Rinnen. Eines von jeder Farbe rollte in ein Nest mit grünem Ostergras, das von einem Metallarm unter die Maschine gehalten wurde.

Als auch das sechste Nest voll war, jubelte Tüftel: „Es funktioniert!"

Er lief auf die Wiese hinaus und rief großspurig: „Kommt doch und seht euch

meine neue Maschine an! Werft die Pinsel weg! Dieses Wunderwerk der Technik nimmt uns die Arbeit ab!"

Die anderen Hasen kamen und bestaunten das Zauberding.

„Trotzdem! Wir bemalen die Eier lieber mit der Hand", brummte der alte Hase Albert. „Mir ist das fauchende Biest nicht geheuer."

Tüftel legte sich in seinen Liegestuhl und sonnte sich.

„Ich werde erst am Ostersamstag mit der Arbeit beginnen!", rief er den anderen zu. „Da kann ich mich noch ein bisschen ausruhen. Und viel frischer als eure Eier sind meine dann auch!"

Als Tüftel am Ostersamstag seine Maschine einschalten wollte, sprang sie nicht an. Er rüttelte daran. Da lief eine Maus heraus. Sie trug ein Stück Kabel im Mund.

Tüftel warf mit einem alten Lappen
nach ihr. Aber da war sie schon entwischt.

Endlich kam die Maschine in Schwung.
Sie zischte und fauchte allerdings nicht
wie vorher. Aber die Eier liefen wie geplant
durch die Rinnen, durch die Farben in die
Körbe.

In zwei Stunden waren über 300 Eier
fertig!

Die anderen Hasen waren schon startbereit. Staunend drängten sie sich um
Tüftels Maschine.

Tüftel stand mit stolz gewölbter Brust daneben. Er sah sich um und brummte: „Na,
was sagt ihr nun? Alles fein, alles frisch."

„Du musst dich beeilen! Wir müssen los!",
riefen die anderen.

Tüftel legte die fertigen Eier in seinen Korb. Da rannte wieder diese Maus! Tüftel ließ vor Schreck den Korb fallen. Dann stieß er einen Schrei aus.

Aus den Schalen tropfte Rührei!

Was war passiert? Die Maschine hatte die Eier nicht gekocht!

Und warum nicht? Weil die Maus die Stromleitung zum Dampfkessel durchgenagt hatte.

Ein bisschen schadenfroh besahen sich die anderen Hasen das Unglück.

„Alles fein, alles frisch", spottete ein kleiner Hase.

„Wir können Tüftel nicht im Stich lassen", sagte der alte Hase Albert. „In der Scheune sind noch Eier. Wenn jeder schnell ein paar bemalt, ist Tüftels Korb gleich wieder voll! Los, an die Arbeit, Freunde!"

Durch Tüftels Missgeschick starteten die Osterhasen fast eine Stunde später als sonst. Aber sie liefen, so schnell sie konnten. Und so fiel es niemandem auf.

Omas Osterkorb

„Was machen wir Ostern?", fragt Mona. „Wir fahren zu Oma nach Kassel!", verkündet Papa.

„Oh", sagt Mona. „Können wir nicht zu Hause bleiben?"

„Bitte", sagt Jan. „Hier ist es viel schöner."

„Oma hat keinen Garten", sagt Mona.

„Bei Oma ist es langweilig", sagt Jan.

„Aber Oma ist Ostern allein. Sie freut sich, wenn wir kommen", sagt Papa.

„Wir waren schon lange nicht mehr bei ihr", sagt Mama. „Wenn wir nicht kommen, denkt sie vielleicht, wir haben sie vergessen."

„Wir vergessen sie nicht", sagt Mona. „Wir könnten ein Päckchen schicken."

„Oma vergisst immer alles. Sie vergisst, wo ihre Brille ist, sie vergisst ihren Schlüssel, sie vergisst, welcher Tag ist. Sogar meinen Geburtstag hat sie vergessen", beschwert sich Jan.

„Meinen auch", sagt Mona.

„Oma ist fast achtzig", sagt Papa. „Da kommt es vor, dass man vergesslich wird. Als Oma so klein war wie ihr, hat sie auch nichts vergessen."

„Ich denk immer an alles", sagt Jan stolz. „Neulich hab ich dem Papa gesagt, dass er vergessen hat, die Scheinwerfer auszumachen. Sonst wäre am nächsten Tag die Autobatterie leer gewesen!"

„Ich werd eben auch langsam alt", sagt der Papa und boxt Jan lachend in die Seite. „Los, jetzt hilf mir beim Autowaschen!"

Am Gründonnerstag wird gepackt.

Auf dem Flurtisch steht ein großer Korb. Der ist für Oma. Es sind Ostereier drin, ein Buch, ein Pulli, ein Osterkuchen und noch andere Kleinigkeiten.

„Passt auf, dass der Hund nicht an den Kuchen kann!", ruft Mama aus der Küche.

Jan stellt den Korb in die Ecke auf die Kommode.

„Vergiss ihn nachher nicht!", warnt Mona.

„Ich doch nicht", sagt Jan.

Es ist wie immer vor der Abreise: Wo ist der Föhn? Wo ist der Ball? Wo ist mein Teddy? Wo sind meine Kassetten? Wo ist mein neues T-Shirt?

Nichts ist, wo man es sucht! Dann ist auch noch der Hund weg. Am Ende würden Papa und Mama auch am liebsten zu Hause bleiben.

„Los, beeilt euch! Wir sollten schon längst da sein", drängelt Papa.

Endlich sind alle startbereit.

Papa geht zum Telefon. Er wählt Omas Nummer und sagt: „Wir kommen! In drei Stunden sind wir da!"

„Was? Heute schon? Ist heute schon Gründonnerstag?", fragt Oma überrascht.

Papa wirft Mama einen vielsagenden Blick zu. Es ist wirklich schlimm geworden mit Omas Vergesslichkeit.

Dann fahren sie los: Papa, Mama, Mona und Jan. Der Hund liegt vorn zwischen Mamas Füßen.

Es ist ziemlich starker Verkehr. Sie brauchen länger als sonst, bis sie endlich die Autobahnausfahrt in Kassel erreichen. Jetzt ist es nicht mehr weit bis zu Omas Haus.

Oma freut sich. Sie steht schon auf der Straße.

Alle steigen aus. Papa holt die Koffer.

Wo ist der Korb mit den Geschenken?
Er ist nirgends zu finden.

„Den haben wir vergessen!", ruft Papa völlig zerknirscht.

„Vergessen?", vergewissert sich Mama.

„Vergessen", sagt Jan düster.

„Ich denke, Jan denkt immer an alles", sagt Mona.

„Macht nichts", sagt Oma fröhlich.
„Ich vergesse auch manchmal was.
Hauptsache, ihr seid endlich hier!"

Der Dieb in der Osternacht

„Gute Nacht, Schnipsel. Sei schön brav! Wir sind bald zurück", sagt Sibylle.

Jens gibt dem kleinen Dackel noch einen Hundekuchen. Sabine krault ihn hinter den Ohren und flüstert: „Die Terrassentür ist einen Spalt offen. Da kannst du raus, wenn du mal musst!"

Dann laufen die drei hinter den Eltern her in den Nachbargarten. Dort prasselt bei Ramekens das Osterfeuer, wie jedes Jahr in der Osternacht. Es wird gegessen, getrunken und erzählt. Alle sind fröhlich.

Nur einer ist sauer: Schnipsel. Er muss allein zu Hause bleiben! Und warum? Nur weil Kümmel, die Promenadenmischung von Nr. 19, vor zwei Jahren beim Osterfeuer die Grillwürste aufgefressen hat!

Auf einmal macht's draußen im Garten „Wuff". Schnipsel spitzt die Ohren. Das war doch Bonzos Stimme!

Schnipsel läuft in den Garten.

Tatsächlich, da ist Bonzo. Und Kümmel und Bulli sind auch dabei.

„Was wollt ihr denn hier? Und wie seht ihr aus?", fragt Schnipsel überrascht.

Bulli hat eine Polizistenmütze auf und um seinen Hals hängt eine Trillerpfeife.

„Wir spielen Hundepolizei", sagt Bonzo.

Seit er vor einem Jahr einen Einbrecher am Hosenbein erwischt hat, ist das sein liebstes Spiel.

„Wir sollten heute besonders wachsam sein! Die Häuser stehen leer, weil alle beim Osterfeuer sind. Das spricht sich bei Gaunern herum!"

Bullis Herrchen ist Polizist. Das färbt ab.

Von ihm hat er auch die Schirmmütze und die Trillerpfeife ausgeliehen.

„Sehr wachsam werden wir sein", knurrt Bonzo und fuchtelt mit einer Spritzpistole herum.

„Sehr wachsam", sagt Kümmel wie ein Echo und funzelt mit einer alten Taschenlampe.

„Ich mach mit", sagt Schnipsel und schon ist er durch die Lücke im Zaun geschlüpft.

Eine ganze Weile treiben sich die vier schnuppernd und schnüffelnd herum.

Plötzlich flüstert Bonzo aufgeregt: „Pst! Stehen bleiben! Eine verdächtige Gestalt hinterm Fliederbusch!"

Alle vier halten die Luft an.

Da huscht tatsächlich ein Schatten durch den Garten zu Schnipsels Terrassentür!

„Ein Dieb! Ein Einbrecher!" Bulli hechelt vor Jagdlust.

„In unserem Haus!", japst Schnipsel.

„Zu viert werden wir ihn fangen", sagt Kümmel zuversichtlich.

„Ein schlimmer Bursche. Hat einen Sack oder so was auf dem Rücken! Da will er bestimmt die Beute reintun!", knurrt Bonzo. „Los, Freunde! Mir nach!"

Auf leisen Pfoten schleichen die Hunde im Schatten der Bäume zum Haus. Geduckt zwängen sie sich durch den Spalt in der Terrassentür.

Kümmel entdeckt den Eindringling zuerst.

„Pfoten hoch!", ruft er und lässt die Taschenlampe aufblitzen.

Zitternd und mit hoch erhobenen Pfoten steht ein Hase neben der alten Wanduhr.

„Aber … aber … ich bin doch der Osterhase!", behauptet er.

„Ich lach mich tot", sagt Bulli. „Wer glaubt schon an den Osterhasen? Das ist was für kleine Kinder!"

„Hier ist das Diebesgut!", stellt Kümmel zufrieden fest. Er hebt einen Sack mit Ostereiern hoch.

„Das … das sind meine Ostereier. Die wollte ich verstecken!", beteuert der Hase.

„Das kannst du Dümmeren erzählen! Letztes Jahr hab ich einen in den Hintern gebissen. Der hat behauptet, er wollte Silberleuchter verstecken!", prahlt Bonzo.

„Bei uns verstecken die Leute die Eier selber", sagt Kümmel.

„Aber – die sind doch beim Osterfeuer!", entgegnet der Hase.

„Sie haben die Eier eben vorher versteckt und du hast sie gerade geklaut! Wir nehmen dich fest", sagt Bonzo und fuchtelt mit der Spritzpistole herum.

„In die Zelle mit dem Eierdieb!", knurrt Bulli und bläst auf seiner Trillerpfeife.

Sie packen den Hasen am Genick und führen ihn ab. Vor einer leeren Telefonzelle machen sie Halt. Dort sperren sie ihn ein.

Traurig sieht der Osterhase durch die Scheiben, wie sich die „Hundepolizisten" entfernen. Sosehr er sich bemüht, er bekommt die schwere Tür nicht auf. Und was würde es auch nützen? Er hat ja keine Ostereier mehr!

"Das haben wir uns aber verdient!", sagen Bonzo, Bulli und Kümmel, als sie vor der Terrassentür schmatzend das „Diebesgut" vernaschen.

Nur Schnipsel hat keinen Appetit. Ihm ist schlecht vor Aufregung.

Und trotzdem fällt am nächsten Morgen der ganze Verdacht auf ihn …

„Schnipsel! Hast du den Osterhasen verjagt?", fragen Sabine, Jens und Sibylle enttäuscht, als sie am Morgen keine Ostereier finden.

Und als sie die Eierschalen auf der Terrasse entdecken, sagen auch die Eltern: „Das kann nur Schnipsel gewesen sein."

„Na, so was!", ruft ein alter Mann am Sonntagmorgen verblüfft. Er hält die Tür der Telefonzelle auf und starrt dem Hasen nach, der blitzschnell zwischen seinen Beinen davonflitzt.

„Sieh da, der Osterhase!", sagt er und lächelt dabei, als sei es ein Witz.

Die Osterbacke

Sonja kommt vergnügt aus der Schule.

„Mutti, Mutti, schau, was ich gemacht hab!", ruft sie und holt aus ihrem Ranzen ein bunt bemaltes Osterei.

Aber leider hat es einen Knacks!

„Och", sagt Sonja enttäuscht. „Daran ist der Tommi schuld! Der hat mich nämlich auf dem Heimweg am Ranzen geschubst!"

„Macht doch nichts", sagt die Mutter. „Man kann noch sehr gut erkennen, wie schön es ist. Außerdem wollte ich heute sowieso Pfannkuchen machen. Da können wir noch mehr Eier ausblasen …"

„… und ich darf sie anmalen?"

„… und wir hängen sie dann an den Oster-strauß", sagt die Mutter.

„… und ich darf die Pfannkuchen essen!", ruft Oskar, der gerade nach Hause kommt und sein Sportzeug in die Ecke pfeffert.

Oskar ist drei Jahre älter als Sonja und dreimal so hungrig.

Sonja kann es gar nicht erwarten, bis die Mutter mit dem Kochen beginnt.

„Kann ich schon die Eier rausholen?", fragt Sonja.

„Meinetwegen", antwortet die Mutter.

„Kann ich schon mit dem Ausblasen anfangen?"

„Weißt du denn, wie man es macht?"

„Ganz einfach: ein Loch oben, ein Loch unten und dann fest reinpusten!", meint Sonja. Aber so einfach ist es dann anscheinend doch nicht.

Zwei Eier sind schon kaputtgegangen. Sonja versucht es gerade beim dritten, als Oskar wieder in die Küche kommt.

Mit weit aufgeblasenen Backen bemüht sich Sonja, das Eiweiß und dann auch das Eigelb in die Schüssel zu blasen. Sie hat einen knallroten Kopf vor Anstrengung.

„Pass auf, Schwesterchen! Das ist gefährlich! Dabei können die Backen platzen!", behauptet Oskar, der seine kleine Schwester gern ein bisschen ärgert.

„Geschafft!", ruft Sonja stolz und hält das leere Ei hoch.

„Lass mich mal", sagt Oskar.

„Nein, das kann ich ganz allein", sagt Sonja und schiebt Oskar weg.

Acht Eier braucht die Mutter für die Pfannkuchen. Und Sonja will sie alle selber ausblasen.

Endlich ist es geschafft! Sechs Eier sind heil geblieben.

Aber Sonja ist ganz kaputt. Erschöpft sinkt sie auf den Stuhl. Ihre Backen sind rot. Der Kopf ist heiß. Von den Pfannkuchen isst sie keinen einzigen.

Auch beim Abendessen hat sie keinen Appetit. Die rechte Backe ist ganz geschwollen.

Besorgt sieht die Mutter zu ihr hinüber: „Sonja, bist du krank?"

Sonja schüttelt den Kopf.

„Ich hab's dir ja gesagt! Du hast zu fest geblasen! Jetzt hast du eine Osterbacke. Das kommt davon!", brummt Oskar mit vollem Mund.

„Unsinn", sagt der Vater und fasst Sonja an die Stirn. Die Stirn ist heiß. Sonja hat Fieber. Die Eltern rufen den Arzt an.

„Sie hat bloß eine Osterbacke!", verkündet Oskar auch dem Doktor, als er ihm die Tür aufmacht. „Das kommt vom Eierausblasen! Sie hat die Backen aufgepustet wie einen Luftballon!"

„Vielen Dank für den Tipp, Herr Kollege", sagt der Doktor. „Aber ich seh doch lieber selbst nach."

Nach der Untersuchung meint er: „Tja, Sonja hat Mumps und das ist sehr ansteckend! Besonders für freche Brüder!"

Flunkerfranz

Es war einmal ein Hase, der die tollsten Geschichten erfand.

Und immer, wenn jemand etwas erzählte, dann wusste er eine Geschichte, die noch ungewöhnlicher und noch aufregender war.

Dabei log er das Blaue vom Himmel herunter.

Er log, dass sich einem Schwein der Pelz sträubte und dass sich jedem Huhn vor Staunen die Hörner verbogen.

Man konnte Flunkerfranz schon von Weitem erkennen, weil sein mittleres Ohr etwas länger war als das rechte und das linke.

Auch wenn er davonlief, war er nicht zu verwechseln: Er hatte einen hübschen, braun-weiß karierten Stummelschwanz.

Franz züchtete in seinem Garten Möhren. Die waren so groß, dass er sie mit einem Bagger herausziehen musste. Und das spätestens im April! Sonst wuchsen sie nämlich so tief in die Erde hinein, dass sie auf der anderen Seite der Welt wie Bergspitzen herausbrachen.

Aus den Kartoffeln, die an seinen Apfelbäumen wuchsen, bereitete er köstliches Birnenkompott.

Und wenn er auf seiner silbernen Holzflöte spielte, dann fielen vor Schreck die Fische von den Bäumen und die Vögel von den Radieschensträuchern.

Ich hab ihn Ostern besucht, da legte er gerade viereckige Ostereier. Siebenhundert Stück.

Es war genau die Menge, die in den Kofferraum des gelben Hubschraubers passte, mit dem er geräuschlos zum Eierverstecken flog.

Er legte die Eier in die Nester, die die Vögel freundlicherweise für ihn in Bäumen und Büschen gebaut hatten.

Wenn ich es nicht mit eigenen Ohren gesehen hätte, wirklich, ich würde es nicht glauben!

Außerdem kann ich einfach nicht verstehen, wie einer so schwindeln kann wie der Flunkerfranz.

Könntet ihr das?

Ich könnte das nie!

Klettermax und die Osterglocken

Max ist sehr mutig. Er klettert gern. Kein Baum ist zu hoch, kein Hang ist zu steil. Max klettert immer ein bisschen höher als die anderen.

Deshalb freut er sich auf die Osterreise zu Oma und Opa. Die wohnen in einem Dorf in den Bergen.

Da gibt es nicht nur Kletterberge, sondern auch Kletterbäume, Kletterzäune und eine lange Kletterleiter in der Scheune.

Am Karfreitag ist schönes Wetter. Da möchte der Klettermax am liebsten auf den höchsten Berg der Umgebung kraxeln.

Aber am Karfreitag geht die ganze Familie in die Kirche und Max muss mit.

In der Kirche ist es kühl.

Max denkt an das schöne Wetter draußen. Da fängt die Orgel zu spielen an. Alle singen.

Max kann viel besser klettern als singen.

Deshalb macht er bloß den Mund auf und zu.

Dann fängt der Pfarrer seine Karfreitagspredigt an. Max kann viel besser klettern als zuhören.

Er sieht sich vorsichtig um. Keiner achtet auf ihn. Alle schauen aufmerksam zur Kanzel hinauf.

Max lässt sich langsam, ganz langsam auf den Boden gleiten. Dann kriecht er seitlich an den Bänken entlang, huscht durch den dunklen Gang und schlüpft aus der Kirche hinaus.

Die Sonne scheint und wärmt. Max dehnt und reckt sich. So richtiges Kletterwetter.

Sehnsüchtig sieht er zu den Bergspitzen hinauf …

Wer weiß, wie die Geschichte ausgegangen wäre, wenn Max nicht in diesem Augenblick die halb offene Kirchturmtür entdeckt hätte.

Er sieht eine steile Treppe. Schon ist er drin und klettert höher und immer höher. Bis die Treppe aufhört.

Dann kommt eine Leiter. Mutig klettert er weiter. Bis er oben an dem kleinen Turmfenster ankommt.

Max atmet tief durch. Er kann weit ins Land sehen. Er fühlt sich leicht und frei und groß.

Staub liegt überall auf den dicken alten Balken.

Hier oben war bestimmt lange keiner mehr.

Da raschelt es hinter ihm.

Max erschrickt. Was war das?

Ein grauer Schatten huscht an ihm vorbei wie ein Gespenst. Ach – bloß eine Katze.

„Na warte!", denkt Mäxchen. „Ich kann noch viel höher klettern als du!"

Ein dickes Seil baumelt aus einer Luke in der Decke. Ein richtiges Kletterseil.

Max greift danach und zieht sich hoch. Das Seil beginnt zu schaukeln …

Unten in der Kirche stößt die Mutter den Vater in die Seite und flüstert: „Wo ist Max?"

Der Pfarrer ist mit seiner Predigt fast zu Ende. Da beginnen die Glocken auf dem Turm wie wild zu läuten.

Das Wort bleibt ihm im Hals stecken. Wieso läuten die Osterglocken? Jetzt am Karfreitag? Mitten in der Predigt?

„Max", murmelt die Mutter und läuft hinaus. Der Vater rennt aufgeschreckt hinter ihr her.

Der Pfarrer wundert sich.

Was haben die beiden bloß? Hat ihnen die Predigt nicht gefallen?

45

Der Ostergeist

Jessica hat zum Geburtstag ein blaues Zelt bekommen. Sie möchte es so bald wie möglich mit ihrer Freundin Kiki ausprobieren.

Am Ostersamstag ist herrliches Wetter.

„Darf ich heute mit Kiki im Garten schlafen?", fragt Jessica.

„Es ist doch noch zu kalt", meint ihre Mutter.

„Wir ziehen uns warm an!", verspricht Jessica.

„Hast du denn keine Angst?", fragt Leo.

„Wieso Angst?" Jessica sieht ihren Bruder erstaunt an.

„In der Osternacht gibt es Geister! Das ist seit uralten Zeiten so", behauptet Leo.

„Quatsch!", sagt Jessica.

„Wetten, dass ihr noch vor Mitternacht heulend ins Haus kommt?"

„Blödmann. Möchtest bloß selber draußen schlafen", sagt Jessica.

Abends zieht Jessica mit ihrer Freundin ins Zelt. Sie haben dicke Pullover und Trainingshosen an.

Im Schlafsack ist es so schön warm und gemütlich. In einer Thermosflasche ist heißer Tee.

Es ist wirklich nicht kalt.

Aber dann wird es draußen vor dem Zelt ungemütlich. Es ächzt und stöhnt. Es knistert und kracht. Es kichert und heult. Es tröpfelt aufs Zeltdach.

Ein Geist mit glühenden Augen wankt vor dem Zelteingang auf und ab.

Aber Jessica und Kiki bemerken es nicht. Sie haben die Kopfhörer vom Kassettenrekorder aufgesetzt und hören sich eine spannende Geistergeschichte an.

Es ist so schön gruselig, dass sie dabei einschlafen.

Sie haben den Schlafsack bis oben zugezogen. So merken sie auch nicht, dass eine bleiche kalte Hand um Mitternacht die fauchende Katze des Nachbarn ins Zelt schiebt.

Die Katze findet es im Zelt gemütlicher als draußen in der Kälte. Sie rollt sich neben Kikis Füßen zusammen und schläft dann ebenfalls.

Draußen niest ein Geist entsetzlich.

Am anderen Morgen kommt Leo nicht zum Frühstück.

„Wo ist Leo?", fragt Jessica.

„Er ist im Bett und hat Fieber. Vermutlich eine Erkältung", sagt die Mutter. „Keine Ahnung, wo er die aufgeschnappt hat!"

Poldi will Osterhase werden

„Ich möchte Osterhase werden", sagte der Hase Leopold Mümmelmann, sobald er auf vier Beinen hoppeln konnte.

„Dann musst du in die Hasenschule", sagte der Vater.

Als Leopold, oder vielmehr Poldi, wie alle ihn nannten, alt genug war, ging er also in die Hasenschule.

Am Anfang machte ihm das großen Spaß. Aber bald fand er es langweilig.

Sehr langweilig. Er gähnte. Er nuckelte an den Pfoten und er schlief beim Rechnen ein.

Er kratzte sich beim Malen mit dem Pinsel an den Ohren, dass er über und über bunte Flecken bekam. Er band den Hasenmädchen die Schürzenbänder zusammen und legte rohe Eier auf ihre Sitzplätze.

Manchmal biss er sogar heimlich in die Schokoladeneier.

Als das Hasenschuljahr kurz vor Ostern zu Ende ging, hielt der Lehrer die Osterhasenprüfung ab.

„Wenn ich also sieben gelbe Eier und sieben rote Eier angemalt habe, wie viele fertige Ostereier habe ich dann?", fragte er.

„Dreizehn", sagte Poldi wie aus der Pistole geschossen.

Alle lachten ihn aus.

„Wieso nicht? Eins geht bei mir immer kaputt", verteidigte sich Poldi.

„Was bekomme ich, wenn ich gelbe und

blaue Farbe mische?", wollte der Lehrer wissen.

„Dann bekommst du dreckige Pfoten!", antwortete Poldi.

Der Lehrer wurde wütend.

„Poldi!", rief er. „Jetzt reicht's mir aber! Noch eine letzte Frage: Was macht ein schlauer Osterhase, wenn ihm ein Schokoladenei zerbricht?"

„Er frisst es rasch auf!", antwortete Poldi.

„Falsch! Er wirft es in den Topf, schmilzt es ein und macht ein neues Schokoladenei draus! Leopold Mümmelmann! Hiermit muss ich dir leider mitteilen, dass du bei der Osterhasenprüfung durchgefallen bist!"

Betrübt schlich Poldi nach Hause.

Aber einer wie Poldi lässt sich nicht unterkriegen. Osterhasenprüfung hin, Osterhasenprüfung her. Er malte seine Ostereier eben nach Poldi-Art.

Und am Ostersonntag rannte er schon vor den anderen los, um seine Eier bei den Kindern zu verstecken.

Wenn du also mal ein Ei findest, das einen Sprung hat, das ein bisschen verkleckst ist, oder gar ein Schokoladenei, das schon angeknabbert ist, dann kannst du sicher sein, dass es der Hase Poldi für dich versteckt hat.

Ursel Scheffler stammt aus Nürnberg. Sie studierte Literatur in München und hat inzwischen zahlreiche Kinderbücher geschrieben, die in über 20 Sprachen übersetzt wurden. Besonders gern verfasst Ursel Scheffler Krimis, Abenteuer- und Fantasiegeschichten.

Silke Brix wurde 1951 in Schleswig-Holstein geboren, studierte an der Fachhochschule für Gestaltung in Hamburg und illustriert seit 1986 Bücher für Kinder. Silke Brix lebt am Deich in der Nähe von Hamburg.

Leselöwen

In diesem Schuber geht es bunt zu:
Wunderschöne Pferde galoppieren über die
Weide und freche Ponys haben nichts als Flausen
im Kopf. Daneben treiben furchtlose Piraten ihr
Unwesen und clevere Schatzjäger versuchen
ihr Glück. Wer dann auch noch einen Blick
ins Klassenzimmer wagt, wird sehen:
Hier ist jede Menge los!

Silberflosse

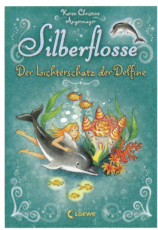

Band 1

Aufregung im Delfinreich! Die Perle des Lichts wurde gestohlen, doch ohne ihren sagenhaften Lichterschatz können Silberflossen und seine Freunde nicht lange überleben …

In den finsteren Tiefen des Meeres entdecken Marie und Silberflosse endlich die zweite der gestohlenen Zauberperlen. Doch ein achtarmiges Wesen hat sie in seiner Gewalt.

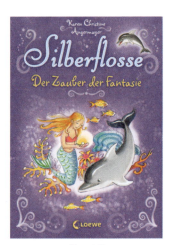

Band 2

Silberflosse

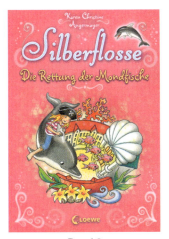

Band 3

Marie und die Silberflosse machen sich auf die Suche nach der Perle des guten Tons, denn all die wunderschönen Klänge des magischen Delfinreichs sind verstummt …

Die Perle, die alle Speisen in herrlich duftende Köstlichkeiten verwandelt, ist wie vom Meeresboden verschluckt. Die Spur führt zu einem geheimnisvollen Fischerboot.

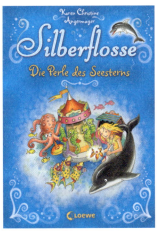

Band 4

Fiona ist verzweifelt: Böhnchen, ihr geliebter Kater, ist verschwunden. Und alles deutet darauf hin, dass er entführt wurde! Gemeinsam mit Leonie macht sich Fiona auf die Suche nach dem gemeinen Tierfänger ...

Band 1

Fionas Papa ist ratlos! Jemand hat versucht, in seine Eisdiele einzubrechen. Aber wer? Und vor allem: warum? Fiona will der Sache auf den Grund gehen und folgt den Spuren des Einbrechers ...

Band 2

Fiona freut sich riesig! Sie darf mit ihrer Familie und Leonie Ferien in einem alten italienischen Schloss machen. Aber plötzlich geschehen seltsame Dinge. Gibt es hier etwa Geister?

Band 3

Schiff ahoi! Fionas Tante Zadora hat eine Hafenrundfahrt gewonnen und Fiona und Leonie dürfen sie begleiten. Was für ein Spaß! Doch irgendetwas scheint mit dem Kapitän nicht zu stimmen …

Band 4

Das geheime Dinoversum

Band 1

Band 2

Band 3

Band 4

LIES ALLE ABENTEUER

Band 5

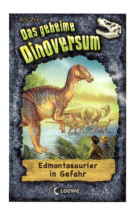

Band 6

Plötzlich öffnet sich die Höhlenwand!
Vor Jan und Tim liegt das geheime Dinoversum –
eine Welt voll echter, lebendiger Dinosaurier!
Zusammen mit ihrem Freund Wanna
erleben Jan und Tim aufregende
Abenteuer in der Dino-Welt!

Hurra, heute kommt der Osterhase!
Die schönsten Ostergeschichten für Erstleser

Norbert Landa

Osterhasengeschichten

Illustriert von Michael Schober

www.leseloewen.de

ISBN 978-3-7855-7479-9
© für diese Ausgabe 2012 Loewe Verlag GmbH, Bindlach
Als Einzelband bereits im Verlag erschienen:
Leselöwen-Osterhasengeschichten (Norbert Landa)
© 1998, 2011 Loewe Verlag GmbH, Bindlach
In anderer Ausstattung erstmals 1991
im Loewe Verlag erschienen
Umschlagillustration: Martina Theisen
Umschlaggestaltung: Christian Keller
Printed in China

www.loewe-verlag.de

Inhalt

Ein unglaublicher Besuch............ 7

Häschen Puschels erster Einsatz 14

Ein paar gute Freunde 21

Das Ostertier 31

Der große Fino Schokoladenfabrik 37

Emil und der Osterhase 47

Ein unglaublicher Besuch

In der letzten Schulstunde vor den Osterferien war Zeichnen. Die Kinder zeichneten Weidenkätzchen und Ostereier und Osterhasen. Den schönsten Osterhasen zeichnete Sabine. Elias hingegen malte nur wilde Kleckse auf sein Blatt.

„Wer an Osterhasen glaubt, der ist ein Blödmann!", murrte er. „So was zeichne ich nicht!"

Auf dem Nachhauseweg wich Elias nicht von Sabines Seite.

„Na", höhnte er, „glaubst du noch immer an den Osterhasen? So was Kindisches."

„Ich finde Osterhasen gut!", sagte Sabine. „Lass mich endlich zufrieden!"

Doch er spottete und hüpfte wie ein Hase neben ihr her und rief: „Guck, ich bin ein Osterhase!"

Hinter dem Zaun aber, da saßen zwei Osterhasen und sie hörten Elias' Geschrei.

„Der Bursche wird sich noch wundern", flüsterten sie. Dann schmiedeten sie einen Plan …

Am Ostersonntag wurde Elias durch ein Geräusch in seinem Zimmer wach. Er blinzelte und machte die Augen wieder ganz fest zu. „Ich träume!", dachte er.

Aber es half nichts: Am Fenster stand wirklich ein Hase und schnäuzte sich kräftig in den Vorhang. Dann wischte er sich seine eierfarbenbunten Pfoten ab.

Jetzt sperrte Elias seine Augen doch ganz auf. Starr lag er da. Am liebsten hätte er geschrien.

Aber was? „Mami, Papi, in meinem Zimmer wischt ein Osterhase seine Pfoten am Vorhang ab!" Unmöglich!

Elias setzte sich auf und plötzlich kreischte er. Etwas Kaltes, Feuchtes hatte ihn hinten am Hals gepackt und kroch ihm jetzt unter dem Schlafanzug den Rücken hinunter. Was war das? Entsetzt griff sich Elias an den Kragen. Seine Hand war rot. Blut? Nein. Nudeln mit Tomatensoße. Der Rest von gestern Abend.

Und mit der Pfanne in den Pfoten hüpfte ein zweiter Hase davon!

Endlich fasste sich Elias ein Herz. Er musste diese beiden Unholde sofort vertreiben. Elias rannte ihnen ins Wohnzimmer nach. Der mit der Pfanne saß jetzt auf Mamis Schreibtisch und verteilte Nudeln. Der andere Hase hingegen riss die Fenster und die Balkontür auf. Dann machte er sich an Papis teurer Stereoanlage zu schaffen.

Stumm vor Entsetzen stand Elias daneben. Papis Anlage hatte ungefähr 200 oder 2000 Watt und konnte die

Wände wackeln lassen. Doch der Hase kannte kein Erbarmen; er drehte voll auf. Und während aus den Lautsprechern ein wahrer Höllenlärm donnerte, flitzten die beiden Hasen über den Balkon ins Freie. Im Haus aber und in der ganzen Siedlung wackelten die Wände.

Dann war es wieder still. Papi war mit Riesenschritten ans Radio gestürzt und hatte es ausgemacht.

Mami stand im Nachthemd in der Tür und musterte fassungslos ihren Schreibtisch. Und die Pfanne. Und den bekleckerten Hals ihres Sohnes.

„Kein Grund zur Aufregung", sagte sie mit tonloser Stimme. „Kein Blut. Nur Nudeln mit Tomatensoße."

Elias ließ die Hände sinken. „Das war ich nicht", sagte er. „Wirklich nicht."

„Sondern?", fragten Mami und Papi.

„Sondern das waren … das waren …", stotterte Elias. „Jetzt sind sie weg."

„Wer?"

„Die Osterhasen", schluchzte Elias. „Durch die Balkontür sind sie abgehauen. Zwei gemeine Osterhasen!"

Am ersten Schultag nach Ostern kannten natürlich schon alle die Geschichte: Elias hat von einem Osterhasen geträumt und er hat Angst bekommen und Rabatz gemacht und die ganze Siedlung aufgeweckt! So hatten es seine Eltern allen Nachbarn erzählt, als sie sich für den Lärm um sechs Uhr morgens entschuldigten.

Sabine hingegen, so erzählte man sich, hatte diesmal ein ganz ungewöhnlich großes, tolles Osternest bekommen.

Häschen Puschels erster Einsatz

An Ostern sollte Häschen Puschel zum ersten Mal mit dabei sein, wenn die großen Osterhasen Eier austrugen. Eigentlich war er noch zu klein dafür. Doch weil Puschel so fleißig Farben gerührt und Eier geschleppt und grüne Nester gebastelt hatte, machte Meister Lampelmeier eine Ausnahme. Deshalb – und weil Puschel so schön betteln konnte.

„Aber pass bloß auf, Puschel", mahnte Meister Lampelmeier. „Halte dich still und hüpfe niemals weiter als drei Hoppler von uns weg!"

Puschel nickte, dass seine Löffel flogen.

Zu viert zogen sie los.

Meister Lampelmeier und seine Gesellen Österle und Eukalyptus schleppten in schweren Körben bunte Eier und andere österliche Schätze. Und Puschel trug ein kleines Körbchen mit drei Ersatzeiern, falls dieses oder jenes Osterei zerbrechen sollte.

Der Schillerpark lag im Morgengrauen und die Laternen brannten noch.

„Hier!", flüsterte Meister Lampelmeier. „Hinter die Bank!"

Die Hasen und das Häschen stellten die Körbe und das Körbchen ab.

„Unter die große Wurzel! – Neben den Brunnen! – Auf die Schaukel! – Hinüber zu den Blumenkisten!"

Es gab jede Menge zu tun.

Puschel guckte aufmerksam zu, wie die Großen ihre Nester in die Verstecke betteten, sie zurechtklopften und die Schätze hineinlegten.

„Schneller!", flüsterte Meister Lampelmeier. „Unter den Fliederbusch! Zu den Narzissen! Rüber zu den Primeln!"

Die Hasen flitzten so schnell hin und her, dass Puschel ganz schwindlig wurde. Kein einziges Osterei ging in die Brüche, so geschickt waren sie am Werk. Puschel bedauerte das sehr. Zu gern hätte er sich nützlich gemacht.

„Fertig!", rief Meister Lampelmeier. „Abmarsch!"

Die drei Osterhasen schnallten sich ihre leeren Körbe um und machten sich auf den Heimweg. Puschel aber zögerte. Sollte er seine drei Eier etwa wieder nach Hause tragen?

„Nein", dachte er, „ich will sie noch schnell irgendwo dazulegen."

Aber wo waren bloß die Nester?

Eines musste hinter der Bank sein. Ja, da lag es auch, herrlich gut versteckt.

Es war schon hell geworden. Höchste Zeit! Meister Lampelmeier würde sicher zornig werden, wenn Puschel weiter trödelte. Noch zwei Eier! Hinter einem der Fliederbüsche lag ein anderes Nest, erinnerte sich Puschel. Doch es war gar nicht so einfach zu finden, das grüne Nest im grünen Gras.

Jetzt das letzte Ei. Puschel hoppelte suchend umher. Richtig, dort drüben bei den Primeln! Geschafft!

Schon hörte er das Rufen und Lachen von Kindern. Sein kleines Hasenherz klopfte vor Aufregung. Er musste sich noch sein Körbchen umbinden. Das lehnte drüben an der Bank neben dem ersten Nest. Verflixt, wie ging das bloß? Rechter Riemen nach links unten oder wie? Stimmt. Und nun …

Puschel erstarrte.

Wie aus der Erde gewachsen stand ein kleines Mädchen vor ihm. Nur ein paar Schritte entfernt.

„Jetzt ist alles aus!", dachte er. Puschel konnte kein Glied mehr rühren. Selbst wenn er gewollt hätte: nicht den kleinsten Hopser hätte er zustande gebracht.

„Ein Osternest!", rief das Mädchen entzückt. „Hinter der Bank. Mit ganz vielen bunten Eiern. Und ein großer Plüschhase!"

„Ein Plüschhase. Sie hält mich für einen

Plüschhasen", dachte Puschel. „So eine Gemeinheit!" Schon wollte er diesem frechen kleinen Ding seine Meinung sagen. Er und ein Plüschhase!

„Plüschhase?" Puschel hielt inne. „Das ist die Rettung!"

„Papa", rief das Mädchen und wandte sich um, „schau, was ich gefunden habe. Einen großen Plüschhasen!"

Jetzt oder nie. Puschel machte einen mächtigen Satz ins Gebüsch und dann flitzte er los. Hinter der Brücke warteten der besorgte Meister Lampelmeier und seine Gesellen. Gerettet!

Im Schillerpark aber stand ein kleines Mädchen und zeigte seinem Vater die Stelle, wo eben noch ein großer kuschliger Plüschhase gewesen war.

„Da hat er gestanden. Direkt neben dem Nest. Mit Körbchen. Bestimmt!"

„Vielleicht war das ein echter Osterhase?" Papa lachte. „Und den hast du jetzt verscheucht!"

Ein paar gute Freunde

So ein prächtiger Frühlingstag! Die Sonne zog alle hinaus ins Freie, hinaus auf die grünen Wiesen: Dort sprossen die Gräslein, dort hüpften die Häslein.

Nur Tom hüpfte nicht. Er saß auf einem Hocker in der Werkstatt, bepinselte Eier und ärgerte sich fürchterlich über alle Welt – und im Besonderen über Tante Polly.

Ihre Worte klangen ihm noch in den

21

Ohren: „Am Dienstag wolltest du deine Ostereier am Mittwoch bemalen. Am Mittwoch war die Rede von Donnerstag und am Donnerstag hast du es auf Freitag verschoben. Heute ist Freitag. Schönes Wetter hin, Ballspielen her: Heute erledigst du deine Aufgaben. Ende der Durchsage."

Jetzt hockte Tom also vor einem großen Korb weißer Eier und schwang verdrossen seinen Pinsel. Er malte ein paar fade grüne Kreise, machte drei, vier blaue Tupfer. Fertig. Dann zählte er nach: herrje, erst sieben bunte Eier. Und noch 93 weiße. Dabei saß er schon so lange hier. Mutlos drehte Tom das nächste Ei in seinen Pfoten.

Doch plötzlich wurde er lebendig. Vergnügt pfeifend hielt er das nächste Ei ins Licht, kniff ein Auge zusammen, setzte sorgfältig den Pinsel an und malte mit größter Hingabe einen schönen blauen Kreis.

Der Grund für diese erstaunliche

Veränderung hieß Rüdiger. Das war das größte Lästermaul weit und breit. Rüdiger kam eben um die Ecke gebogen und spähte durchs Fenster in Toms Werkstatt.

„Na, großer Meister, immer fleißig, was?"

„Moment", murmelte Tom, als wäre er ganz in die Arbeit vertieft. Sorgfältig wählte er einen neuen Pinsel aus. Er mischte aus Blau und Gelb ein wunder-

schönes Grün und zog einen zweiten Kreis ums Ei. „Ach, du bist es, Rüdiger!", sagte Tom dann. „Hast du dieses Grün gesehen? Dieses Grün, aus Blau und Gelb gemischt?"

Rüdiger steckte den Kopf durchs Fenster. Verblüfft kratzte er sich hinter den Löffeln. „Du willst doch nicht behaupten, du machst das freiwillig?", fragte er spöttisch. „Eier bepinseln, wenn draußen die Sonne scheint? Das hat dir deine Tante Polly eingebrockt, gib's zu!"

„Geh mir aus der Sonne!", sagte Tom. „Heute ist perfektes strahlendes Sonnenlicht. So was gibt's nur alle hundert Jahre!"

Rüdiger zog den Kopf zurück und tauchte in voller Größe in der Tür auf. Mit offenem Mund sah er zu, wie Tom eine wunderschöne gelbe Spirale rund um das ganze Ei zog.

Stolz hielt Tom sein Werk hoch. „Na?"

„Und das hat dir doch deine Tante Polly eingebrockt!", maulte Rüdiger.

Tom tat, als hätte er nichts gehört. Er tauchte den Pinsel in ein leuchtendes Blau und zog ihn über das Weiß eines neuen Eies. „Wie der Himmel über schneebedeckter Erde", sagte er.

Jetzt wurde es Rüdiger zu bunt. „Lass mich auch mal!", bat er und griff nach Pinsel und Ei.

„Pfoten weg!", rief Tom.

„Aber ich kann das auch. Da ist doch nichts dabei", sagte Rüdiger. „Ich geb dir auch eine Möhre dafür!"

Endlich war Tom einverstanden.

Rüdiger klemmte die Zunge zwischen

die Zähne und fing behutsam an zu pinseln. Er machte es erstaunlich geschickt.

Tom stand daneben und freute sich diebisch. Doch natürlich ließ er sich nichts anmerken. Im Gegenteil. Er mäkelte an den Farben herum, an den Strichen und an jedem kleinen Ausrutscher. Rüdiger strengte sich noch mehr an. Schon hatte er das zweite Ei in Arbeit, für eine zweite Möhre.

Als er eben mit dem dritten Ei begann, tauchten Olga und Elga auf, die beiden

Zwillinge. Im Schlepptau hatten sie ihren kleinen Bruder Maxi. Der musste die Schnur zum Seilspringen tragen, die Bälle und die Tasche mit all den Sachen zum Essen für ein Picknick am Bach.

Als sie Rüdiger erblickten, blieben sie wie angewurzelt stehen. Noch nie hatten sie ihn mit so viel Eifer bei der Arbeit gesehen.

„Ruhe!", rief Rüdiger, bevor noch irgendjemand etwas sagen konnte. „Künstler an der Arbeit! Geht mir aus der Sonne!"

„Wir wollten doch heute gemeinsam …"
„Moment!", rief Rüdiger. Er setzte zu einem schwierigen dottergelben Wellenstrich an und da musste man gut achtgeben. „Es ist das Licht heute", erklärte er. „Die helle Sonne, seht mal, die holt die Farben richtig toll raus."

Olga und Elga und der kleine Maxi guckten eine Weile hin und dann sagten sie, dass sie es jetzt auch sähen.

Olga und Elga wollten auch mitmalen, und zwar unbedingt. Leider hatten sie keine Möhren. Aber sie versprachen Tom, ihm bis zu den großen Ferien bei allen Schularbeiten zu helfen.

Tom brummte „hmm" und „na ja" und legte nachdenklich die Löffel über Kreuz. Dann sagte er: „Also gut."

Olga und Elga machten sich eifrig ans Werk. Tom spazierte hin und her und lobte dieses Ei und kritisierte jenes. Dann setzte er sich zum kleinen Maxi hinaus in die Sonne. Der verstand das alles nicht.

„Zu Hause rühren sie keinen Finger", erzählte er. „Aber hier sitzen sie in der Werkstatt. Kapier ich nicht."

„Dafür bist du noch zu klein", meinte Tom. „Komm, lass mal sehen, was du zum Essen mithast!"

Tom und Maxi aßen sich satt. Danach machten sie ein Schläfchen. Dann spielten sie Federball. Und dann waren auch schon alle Eier schön bemalt.

„Das war ein feiner Zug von dir, Tom!",
sagte Rüdiger. „Die Möhren bringe ich
morgen vorbei."

„Vielen Dank!", riefen auch Olga und
Elga, bevor sie mit Maxi weiterzogen.

„Gern geschehen", antwortete Tom.

Dann holte er Tante Polly, um ihr zu
zeigen, dass er fertig war.

Tante Polly kam aus dem Staunen nicht
raus. „Alles an einem Nachmittag? Und
ganz allein?"

„Nicht ganz allein", gab Tom zu. „Ein
paar gute Freunde haben mir geholfen."

Das Ostertier

Es ist bestimmt ein paar hundert Jahre her oder gar länger, da wusste man noch nicht so recht, wer den Kindern zu Ostern die Ostereier bringen sollte. Deshalb kamen die Tiere des Waldes, des Feldes und des Bauernhofs zusammen, um das Ostertier zu wählen.

„Wir, wir, wir!", riefen sie alle.

Es war ein schrecklicher Lärm. Also, einer nach dem anderen!

„Wir", so riefen die Schnecken,
„wir kennen alle Plätze,
wir können alle Schätze
als Osterschnecken am besten verstecken"

„Und wenn ihr damit fertig seid, ist es bestimmt schon Weihnachten", bellten die Hunde. „Osterschnecken, so was Dummes!"
   Da schlichen die Schnecken beleidigt davon.
   Die Hunde aber richteten sich stolz auf und riefen:

„Osterhunde, flink und schlau,
wir sind nicht so faul!
Tragen die Eier im Maul
und legen sie ins Nestchen, wau!"

„Und bei ‚wau' lasst ihr sie fallen und fresst sie auf", grunzten die Schweine. „Osterhunde! Unerhört!"
Da kniffen die Hunde den Schwanz ein und machten sich davon.

„Vertrauet uns Osterschweinen!
Vielleicht etwas dick,
dafür österlich schick.
Wir sind das Feinste vom Feinen!"

„Und wer soll die schönen bunten Eier noch anfassen, wenn ihr sie im Schlamm gewälzt habt?", gackerten die Hühner. „Nicht mit uns! Osterschweine, das ist doch lachhaft!"
Da trollten sich die Schweine heim.

„Wir Osterhühner,
wir nämlich hingegen,
verstehn was vom Legen
und wissen, wie man Eier versteckt!"

„Und dann setzt ihr euch womöglich drauf und wollt sie ausbrüten", muhten die Kühe. „Osterhühner, Unsinn!"

Da scharrten die Hühner verlegen und gingen heim.

Doch wie den Osterschnecken, den Osterhunden und den Osterschweinen, so ging es auch den Osterkühen. Man befürchtete, sie würden die Ostereiernester schließlich zertrampeln.

Die Rehe waren zu nervös, um als Osterrehe auch nur einen geraden Pinselstrich zu machen.

Die Tauben würden als Ostertauben die Eier ganz bestimmt fallen lassen. Denn sie ließen ja auch sonst einiges fallen.

Die Fische waren zu nass als Osterfische.

Die Gänse würden als Ostergänse ihren Schnabel nicht halten können und alles verraten.

Die Katzen würden als Osterkatzen mit den Ostereiern bloß herumspielen und sie durch die Gegend rollen lassen.

Und so ging es auch den übrigen Tieren. Alle waren sie beleidigt und flogen und trotteten, schwammen und watschelten nach Hause.

„Wir, wir, wir!", riefen am Schluss noch die Hasen.

Dann sahen sie sich verwundert um. Da war kein anderes Tier mehr, das „Nein! Blödsinn!" oder Ähnliches rief. Da war sonst überhaupt niemand mehr.

„Oooosterhaaaase!", rief einer von ihnen. „Osterhase, das klingt doch gut!"

Die anderen horchten und nickten schließlich begeistert. Sie fassten sich fröhlich an den Pfoten und tanzten im Kreis und sangen:

„Wir sind die Osterhasen
mit unsren weichen Pfoten
und unsren süßen roten,
sanften Schnuppernasen.
Es leben hoch wir Osterhasen!"

Der große Fino Schokoladenfabrik

Niemand konnte sagen, woher er gekommen war. Plötzlich stand er mitten auf einer Lichtung im Wald – dort, wo sich die wilden Hasen treffen. Sein Fell schimmerte golden und silbern, seine Ohren trug er stolz erhoben, und das Blitzen seiner Augen flößte selbst dem wildesten Hasen Respekt ein. Allen war klar: Er war ein Osterhase!

Wilde Hasen sind ein eigenes Volk. Mit den Osterhasen haben sie nicht viel zu tun.

Wilde Hasen sind stolz auf ihr wildes Leben, sagen sie. Niemals, sagen sie, würden sie freiwillig harte Eier bunt bepinseln und in Körben zu den Menschenkindern tragen. Sagen sie.

Aber natürlich wäre jeder wilde Hase gern einmal ein Osterhase. Wenigstens einmal im Leben.

Manchmal wird ein wilder Hase mit einem Osterhasen verwechselt. Wenn zur Osterzeit Menschen den Wald durchstreifen, dann heißt es: „Guck mal, der Osterhase." Das schmeichelt dem wilden Hasen natürlich. Und wenn er eitel genug ist, macht er Männchen und lässt sich als Osterhase bewundern …

Plötzlich stand nun also dieser große, unerhört glänzende Osterhase auf der Lichtung des Waldes. Stumm starrte er in die Runde.

Die wilden Hasen waren plötzlich zahm

wie Kaninchen. Sie rückten enger zusammen.

Einer von ihnen, Hugo mit Namen, fasste sich ein Herz. Er trat vor und räusperte sich und sagte: „Will" – und räusperte sich noch einmal und sagte endlich: „Willkommen bei uns im Hasenwald!"

„Willkommen im Hasenwald!", riefen die wilden Hasen, erfreut darüber, dass es etwas zu tun gab.

Dann war es wieder still. Verzagt saßen die wilden Hasen vor dem mächtigen, strahlenden Osterhasen.

„Womit können wir dienen?", fragte Hugo.

Der Osterhase schwieg.

„Purzelbäume gefällig?"

„Au ja, Purzelbäume!", schrien die wilden Hasen. Über Purzelbäume würde er sich bestimmt freuen. Also purzelten sie wild durcheinander.

Aber der hohe Herr Osterhase verzog keine Miene.

„Vielleicht will er Möhren", schlug Willi

zaghaft vor und hielt ihm eine unter die Nase.

Der hohe Herr schnupperte nicht mal.

Doch Willi hatte etwas gesehen. „Auf seiner rechten Pfote", flüsterte er, „steht *Fino Schokoladenfabrik.*"

„Fino Schokoladenfabrik!" Ehrfurchtsvoll ging der Name reihum. „Was für ein würdiger Name. So lang und so schwierig!"

Gut zu wissen, wie der hohe Herr Osterhase hieß. Aber was weiter? Es war schon fast Mittag und die wilden Hasen wollten nicht ewig auf der Lichtung warten. Doch man konnte Herrn Fino Schokoladenfabrik auch nicht allein lassen.

Schließlich blieb Willi zur persönlichen Betreuung des Herrn Fino zurück. Denn er kannte ihn am besten von allen.

Willi setzte sich zu Herrn Finos Füßen, bereit, ihm jeden Wunsch von den Lippen abzulesen. Aber der blieb stumm.

Die Sonne brach durch das Geäst; es

42

wurde Mittag. Und es wurde heiß auf der Lichtung und immer heißer.

Plötzlich fuhr Willi hoch. Herr Fino hatte sich bewegt. Sein rechter Löffel bog sich sanft nach unten. Dann der linke. Willi stand wie vom Donner gerührt: Was war das?

Herr Fino sank in sich zusammen. Alles an ihm blieb blitzend und hell, doch sein Haupt schien kleiner zu werden, die glänzende Schnauze drückte sich nach innen und die strengen, starren Augen rückten zusammen: Herr Fino schielte plötzlich fürchterlich.

„Er schmilzt!", schrie Willi verzweifelt. „Heilige Mohrrübe, der schmilzt mir weg wie ein Schneemann!"

Aber da war nichts mehr zu retten. Herr Fino schmolz weiter. Und wo jetzt auch noch die Hülle aufriss, quoll eine warme duftende Masse heraus.

Willi schnupperte. Und schnupperte. Und plötzlich vergaß er all seine Pflichten.

Herr Fino schmeckte ausgezeichnet.

Am Abend fanden die wilden Hasen

einen Willi, der mit verklebter Schnauze neben einer gold und silber glänzenden Kugel hockte. Das war nämlich alles, was von Herrn Fino übrig geblieben war.

Willi hob die Pfote und gebot Schweigen. Er rief: „Herr Fino Schokoladenfabrik hat uns verlassen. Es hat puff gemacht und weg war er."

„Wie hat es gemacht?", fragte der schwerhörige Theodor.

„Puff!", wiederholte Willi. „Puff, und er war fort. Zurückgelassen hat er nur diese glänzende Kugel, mit der man prima Fußball spielen kann."

Ob ihm die wilden Hasen wirklich glaubten? Nun, sie waren vor allem froh, dass die unheimliche Begegnung ein Ende hatte. Das war das Wichtigste. Als Willi vorzeigte, wie man einen Elfmeter schießt, da hatten sie die Herkunft des Balles auch schon wieder vergessen. Und so sollten sie nie die Wahrheit über den Schokoladenhasen erfahren, den ein wirklicher Osterhase auf der Waldlichtung vergessen hatte …

Emil und der Osterhase

Emil war ein Mädchen und hieß in Wirklichkeit Emilie. Aber seit Onkel Robert ihr vor einem Jahr aus dem Buch „Emil und die Detektive" vorgelesen hatte, bestand sie darauf, Emil zu heißen.

Also hieß sie Emil.

Und die Detektive, das waren der Bär Sherlock und der Kater mit Namen Kommissar. Der Kommissar und Sherlock waren übrigens beide echt: ein echter Kater und ein echter Teddybär.

Jetzt saßen der Kommissar und Sherlock auf der Gartenbank.

Der Kommissar putzte sich die Pfoten. Sherlock beobachtete Emil, die sich in der Gartenhütte zu schaffen machte.

Sie schob den Rasenmäher in seine Ecke, hängte Rechen und Spaten an ihre Plätze und stellte dann eine Klappliege auf. Die zweite Liege stellte sie hochkant davor.

„So", murmelte Emil zufrieden und setzte sich zu ihren Kollegen auf die Bank. „Und jetzt unser Plan."

Der Kommissar schnurrte erfreut.

Sherlock guckte erwartungsvoll.

48

Emil blickte sich vorsichtig um und flüsterte: „Die Luft ist rein. Hört mir gut zu!" Ihr Plan sah vor, das Geheimnis der Osterhasen zu lüften. „Osterhasen", erklärte sie Sherlock und dem Kommissar, „sind keine Räuber und Diebe. Ganz im Gegenteil. Sie bringen wertvolle Schätze und verstecken sie für die Kinder. Und wer die Schätze findet, dem gehören sie."

Der Kommissar gähnte. Sherlock dachte schweigend nach. Er machte nie viele Worte.

„Ich verstehe", fuhr Emil fort. „Ihr fragt euch jetzt natürlich: Wenn Oster-hasen gute Freunde sind, was haben Detektive wie wir mit ihnen zu schaffen?" Emil senkte ihre Stimme. „Sie sind rätsel-haft. Ich kenne niemanden, der schon einmal einen Osterhasen gesehen hat. Man sieht immer nur, was sie bringen!"

Das war allerdings rätselhaft. Der Kommissar maunzte verwundert. Sherlock purzelte vor Staunen von der Bank.

Emil setzte ihn wieder hoch und flüsterte: „Und dieses Rätsel werden wir morgen Früh lösen."

Der Kommissar spazierte ins Haus. Er hatte genug gehört. Emil und Sherlock folgten ihm, denn es war Mittag geworden und Pläne schmieden macht hungrig.

Der Nachmittag gehörte wieder den Vorbereitungen. Der Kommissar schlief

sich gründlich aus. Sherlock dachte schweigend nach. Und Emil stöberte ihre Osterhasen-Bilderbücher ein letztes Mal durch. Sie fand keine neuen Hinweise. Es blieb bei ihrem Plan.

„Mama", fragte Emil, „dürfen wir drei heute Nacht in der Gartenhütte schlafen?"

„Ihr drei?"

„Ich und die Katze und der Teddy", sagte
Emil.

„Im Sommer ist es doch viel
angenehmer. Es ist noch ziemlich frisch
draußen."

„Aber heute Nacht kommt der ..." Emil
schlug sich die flache Hand auf den
Mund. Fast hätte sie sich verraten.

Sherlock guckte ungerührt geradeaus.
Diese Selbstbeherrschung in allen
Lagen!

„Ach so!" Mama lächelte. „Na ja. Aber
hast du denn keine Angst, wenn er dann
wirklich kommt?"

„Wer?", fragte Emil scharf.

„Der ... der Igel. Er ist schon aus dem
Winterschlaf aufgewacht. Und du weißt ja,
wie Igel nachts herumtrippeln und
schmatzen."

„Ach, der Igel", sagte Emil erleichtert.
„Da ist mir nicht bange!"

Am Abend bekam die Osterhasenfalle
ihren letzten Schliff. Natürlich war es

52

keine echte Falle. Emil wollte ja keinen Osterhasen fangen. Bloß beobachten. Aber dazu muss man wach sein. Und um wach zu sein, muss man geweckt werden. Und wer sollte sie wecken? Der Osterhase selbst!

Also spannte Emil einen langen Bindfaden in Kniehöhe quer durch den Garten: vom Zaun zum Goldregenstrauch, weiter

zur Regenrinne, zum Kastanienbaum und schließlich in die Gartenhütte. Das andere Ende band sie oben an ihren Schlafsack.

Wenn der Osterhase vorbeikam, musste er die Schnur berühren. Vom Zupfen würde sie sofort aufwachen und hinter der aufgestellten Liege alles beobachten.

Es war ein famoser Plan. Sherlock saß, stumm vor Begeisterung, auf dem Werkzeugbord. Hier hielt er Wache, während Emil noch einmal ins Haus schlüpfte, um sich die Zähne zu putzen, den Trainingsanzug anzuziehen und die Taschenlampe

zu holen. Der Kommissar spazierte inzwischen herum und prüfte die Bindfäden. Alles klar? Alles klar!

Mittlerweile war es Nacht geworden. Endlich konnte Emil in ihren Schlafsack schlüpfen. Der Kommissar rollte sich am Fußende der Liege zusammen. Oben saß Sherlock.

„Morgen Früh sehen wir den Osterhasen", sagte Emil. „Gute Nacht, Kommissar!"

„Maunz!", antwortete der Kommissar. „Gute Nacht, Sherlock!"

Doch Sherlock starrte schweigend in die Nacht.

Emil wartete noch ein Weilchen, dann schlief sie ein.

Als sie aufwachte, schien bereits die helle Sonne. Emil hatte gemeint, ein leises Zupfen zu spüren, und hatte sich sofort in Position gesetzt. Jetzt spähte sie aufgeregt ins Freie: Durch Fenster und Tür konnte sie alles beobachten. Doch nichts rührte sich. Nur der Kommissar spielte mit etwas Weißem, das an der Alarmschnur baumelte. Ah, deshalb war sie aufgewacht!

Emil krabbelte schnell aus dem Schlafsack.

Das Weiße war ein Zettel, den jemand mit einer großen Wäscheklammer am Bindfaden befestigt hatte. Und darauf stand in dicken schwarzen Buchstaben geschrieben:

Emil starrte auf den Zettel.
So ein Reinfall!
Beschämt holte sie Sherlock vom Regal herunter und schlich leise zurück zu ihrem Zimmer.

Als sie die Tür öffnete, stockte ihr der Atem. Eine ganze Weile stand sie reglos da, dann quietschte sie voller Freude los: „Mama, der Osterhase war da!"

Norbert Landa, geboren 1952, arbeitete nach seinem Studium zuerst als Journalist und danach als Öffentlichkeitsberater bei einem Politiker. Heute widmet er sich ganz dem Schreiben. Norbert Landa verfasste zahlreiche Hörspiele, Geschichten und Lieder für Kinder.

Michael Schober wurde 1966 in Bayreuth geboren. Er studierte an der Fachhochschule für Illustration in Nürnberg und erhielt dort 1988 einen Förderpreis. Seit 1990 illustriert Michael Schober Kinderbücher – und das meistens nachts. Deshalb mag er auch Maulwürfe so gern!

Leselöwen

In diesem Schuber geht es bunt zu:
Wunderschöne Pferde galoppieren über die
Weide und freche Ponys haben nichts als Flausen
im Kopf. Daneben treiben furchtlose Piraten ihr
Unwesen und clevere Schatzjäger versuchen
ihr Glück. Wer dann auch noch einen Blick
ins Klassenzimmer wagt, wird sehen:
Hier ist jede Menge los!

Silberflosse

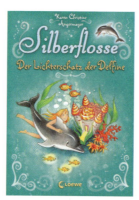

Band 1

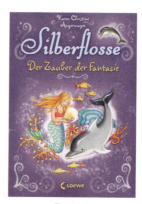

Band 2

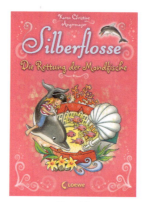

Band 3

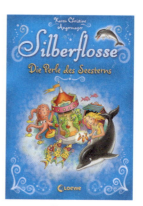

Band 4

Silberflosse

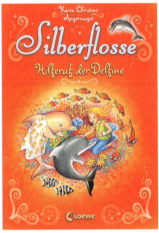

Band 5

Seit Tagen sind die Bewohner des
Delfinreichs schrecklich müde und erschöpft.
Besonders Silberflosse geht es schlecht. Ob das
mit der gestohlenen Perle der Lebenskraft zu tun hat?
Eine Spur führt Marie und ihren Delfinfreund zu
den Muschel-Arkaden, wo Theo Taschen-
krebs sein Unwesen treibt …

Fiona ist verzweifelt: Böhnchen, ihr geliebter Kater, ist verschwunden. Alles deutet auf eine Entführung hin! Gemeinsam mit Leonie macht sich Fiona auf die Suche nach dem gemeinen Tierfänger …

Band 1

Fionas Papa ist ratlos! Jemand hat versucht, in seine Eisdiele einzubrechen. Aber wer? Und vor allem: warum? Fiona will der Sache auf den Grund gehen und folgt den Spuren des Einbrechers …

Band 2

Fiona freut sich riesig! Sie darf mit ihrer Familie und Leonie Ferien in einem alten italienischen Schloss machen. Aber plötzlich geschehen seltsame Dinge. Gibt es hier etwa Geister?

Band 3

Schiff ahoi! Fionas Tante Zadora hat eine Hafenrundfahrt gewonnen und Fiona und Leonie dürfen sie begleiten. Was für ein Spaß! Doch irgendetwas scheint mit dem Kapitän nicht zu stimmen …

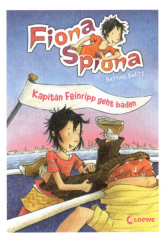

Band 4

Hurra, heute kommt der Osterhase!
Die schönsten Ostergeschichten für Erstleser

Christina Koenig

Osternestgeschichten

Illustriert von Kerstin Völker

www.leseloewen.de

ISBN 978-3-7855-7479-9
© für diese Ausgabe 2012 Loewe Verlag GmbH, Bindlach
Als Einzelband bereits im Verlag erschienen:
Leselöwen-Osternestgeschichten (Christina Koenig)
© 2006 Loewe Verlag GmbH, Bindlach
Unter dem Titel *Leselöwen-Ostereiergeschichten*
erstmals 2000 im Loewe Verlag erschienen
Umschlagillustration: Katharina Wieker
Umschlaggestaltung: Christian Keller
Printed in China

www.loewe-verlag.de

Inhalt

Piratenhasen 7

Rettet Ostern! 17

Osterfest im Krankenhaus 24

Huhn oder Ei? 31

Eierköpfe 37

Die Erfindung des Eiermaltanzes 44

Das größte Ei der Welt 48

Piratenhasen

Letztes Jahr hatte ich überhaupt keine Lust auf Ostern. So ein Kinderkram. Das war nichts für mich.

Ich war mit meinen Gedanken ganz woanders: in der Welt der Piraten! Ich las alles über Piraten, was mir in die Finger kam. Wirklich alles. Schließlich wollte ich ja selbst einer werden!

Was nichts mit Piraten zu tun hatte, rauschte an mir vorbei. Interessierte mich nicht. Klar, essen musste ich noch und aufs Klo gehen. Auch die Schule blieb mir nicht erspart und mein kleiner Bruder Florian auch nicht.

Aber die doofe Ostereiersucherei, das war zu viel. Das war was für Babys. Ich beschloss, Ostern nicht mitzumachen.

Meine Eltern waren einverstanden.

Vor dem Osterspaziergang konnte ich mich allerdings nicht drücken. Da musste ich mit. Wegen der Bewegung.

„Na ja", dachte ich mir, „dann schau ich halt mal bei meiner Deichanlage vorbei." Die hatte ich nämlich selbst gebaut. Hinter der Brücke am Pietsch-Bach.

Alles war in Ordnung, stellte ich fest. Nur eine Flasche hatte sich in den Zweigen des Dammes verheddert. Ich fischte sie heraus. Und dann machte ich die Entdeckung: Es war eine Flaschenpost! Das stell sich mal einer vor! Eine

echte Flaschenpost! Von einem gekaperten Schiff oder von Schiffbrüchigen aus der Südsee!

Aber es sollte noch besser kommen. In der Flasche war nämlich eine echte Schatzkarte.

Der Osterspaziergang wurde natürlich sofort unterbrochen und die Eltern, Florian und ich hingen mit den Nasen über der Karte. Auf der war so etwas wie ein Hügel eingezeichnet. Ein Hügel mit einem Adler. Und vor dem Hügel war ein Fluss. Und vor dem Fluss ein Wald mit einem Totenkopf.

Florian bekam es mit der Angst zu tun. Er verstand zwar nicht, worum es ging, aber der Totenkopf war ihm unheimlich. Er wollte die Flasche wieder in den Bach werfen. Das kam natürlich nicht infrage. Außerdem war der Totenkopf doch nur ein Trick. Das war mir sofort klar. Der sollte doch nur von dem Wald abschrecken, wo der Schatz vergraben lag!

Eine Ewigkeit haben Papa und ich dann überlegt, um was für einen Wald es sich handeln könnte. Ein Fluss musste in seiner Nähe sein und ein Hügel.

Nun, einen Fluss hatten wir auch. Gleich hinter unserem Wäldchen. Aber was der Adler auf dem Hügel sollte? Wo gab es denn schon Adler?

Dann fiel mir siedend heiß ein, dass der kleine Berg hinter der Ortsausfahrt Greif-hügel genannt wird. Ich bin fast gestorben vor Aufregung! Das war es. Das war die Lösung! Adler sind doch Greifvögel!

Es musste sich also um *unseren* Wald

handeln, der auf der Karte eingezeichnet war! Eindeutig. Denn unser Wald lag dem Greifhügel am nächsten!

Wir gingen sofort nach Hause. Ich schnappte mir eine Schaufel und machte mich auf in den Wald. Mein kleiner Bruder lief mit einem Körbchen hinter mir her. Er wollte Ostereier suchen.

Ich überlegte, worauf ich alles zu achten hatte.

Die spannendsten Stellen dutzender Schatzsucher-Bücher zogen an mir vorbei. Ich musste einfach auf alles achten! Auf Zeichen in den Baumrinden, auf abgeknickte Äste, auf auffällig gewachsene Bäume. Alles konnte ein Hinweis auf den vergrabenen Schatz sein!

Meter für Meter durchkämmte ich den Wald. Jeden hohlen Baumstamm knöpfte ich mir vor. Sogar den Sumpf mit den toten Birken, um den ich sonst immer einen riesigen Bogen machte.

Aber alles umsonst! Nicht die kleinste Silbermünze! Fast hätte ich aufgegeben.

In der Nähe von meinem alten Baumhaus aber erregte ein alter Lappen meine Aufmerksamkeit. Er hing schlapp von einem Ast herunter und hatte etwas von einer Fahne. Zufällig baumelte der bestimmt nicht da herum. Als ich die Lappenfahne mit einem Stock auseinander zog, erkannte ich deutlich die ausgeblichenen Umrisse eines Totenkopfs.

12

Hier musste es sein! Ich stellte mir schon Berge von Gold und Edelsteinen vor.

Wie wahnsinnig fing ich zu buddeln an. Genau unter dem Ast mit dem Lappen. Wildschweine hatten an der Stelle wohl auch schon ihr Glück versucht, denn die Erde war ziemlich locker.

Nach ein, zwei Schaufelbreiten stieß ich auf etwas Hartes. Dunkle Holzplanken! Jetzt buddelte ich mit den Händen weiter, damit nichts kaputtging.

Endlich hatte ich es geschafft! Sie lag vor mir: die Kiste mit dem Schatz! Feucht und rostig war sie und nicht besonders groß. Und der Deckel klemmte auch. Nur mit allergrößter Mühe schaffte ich es, ihn mit der Schaufel aufzustemmen.

Ich starrte hinein und traute meinen Augen nicht. Der Inhalt war ziemlich anders, als ich ihn mir vorgestellt hatte. Kein Gold. Keine Pokale. Keine kostbaren Waffen – Ostereier waren in der Kiste! Haufenweise Ostereier. Verpackt in silber- und goldfarbene Alufolie. Da fiel bei mir der Groschen.

Meine Eltern hatten mich reingelegt! Mann, ich war vielleicht sauer!

Kurz darauf kam Florian angewackelt und zeigte mir sein Körbchen. Lauter kleine, braune Dinger hatte er gesammelt. Florian war stolz wie Oskar. Zu Recht. Schließlich waren die braunen Winzlinge auch vom Osterhasen. Waschechte Hasenköttel waren das!

Nun musste ich doch lachen und konnte gar nicht mehr aufhören. Das war der Witz des Tages!

Dann habe ich die Hasenköttel ausgeschüttet und Eier aus meiner Schatzkiste in sein Körbchen gelegt. Mit Kiste und Körbchen sind wir dann nach Hause gezuckelt. Und es wurde noch ein richtig tolles Osterfest.

Rettet Ostern!

Als Meverik früh am Morgen aus dem Schlaf erwacht, spürt er genau: Bald ist es so weit, bald ist Ostern.

Mit einem Schnurrbartkitzelkuss weckt er Melvine, seine Frau: „Melvine, wir müssen los! Bald ist es so weit, bald ist Ostern!"

Melvine reibt ihre Augen, atmet tief durch, und dann hoppeln sie los zu Bauer Merschmann.

Die Hühner von Bauer Merschmann sind die wichtigsten Ostereier-Produzentinnen

17

der ganzen Gegend. Prachtvolle Eier legen sie. Genau das Richtige für ein prachtvolles Osterfest.

Als Meverik und Melvine auf dem Bauernhof ankommen, ist weit und breit kein einziges Huhn zu sehen. Kein Gackern, kein Scharren, kein Picken. Nichts.

„Irgendetwas ist hier faul", sagt Meverik und hält witternd seine Nase in die Luft.

Da entdeckt er ein neues, flaches Gebäude ein paar Meter hinter dem Misthaufen. Es hat nur ein einziges Fenster.

Meverik und Melvine bekommen einen gehörigen Schreck. Das darf doch nicht wahr sein!

Drinnen hocken ihre Hühnerfreundinnen in winzigen Käfigen, übereinander- und untereinandergestapelt wie Schuhkartons in einem Kaufhaus.

Als Melvine die mickrigen Eier sieht, die die Hühner nur noch legen, ist sie doppelt entsetzt. Diese Eier sind für das Osterfest gänzlich ungeeignet!

Die Hasen hoppeln entrüstet auf den Bauern zu.

„Entschuldigen Sie", beginnt Melvine. „Warum haben Sie die Hühner denn ins Gefängnis gesteckt? Haben die denn was verbrochen?"

Der Bauer murmelt etwas von „keine Zeit" und „billige Eier" und beachtet Melvine nicht weiter.

„Hören Sie", versucht nun Meverik sein Glück. „Wir sind die Osterhasen hier im Landkreis und brauchen dringend Eier für das Osterfest! Schöne, große Eier. Gefängniseier taugen nichts."

Dem Bauern ist das egal und die beiden machen sich mit hängenden Ohren auf den Heimweg.

„Dann wird Ostern wohl ins Wasser fallen", bedauert Meverik.

„Und die Kinder? Und die Hühner?",
fragt Melvine entsetzt. „Wir können sie
doch nicht einfach im Stich lassen!"

Das will Meverik natürlich auch nicht.
Entschlossen greift er zu Papier und
Pinsel und schreibt einen Brief an die
Zeitung.

Von eingesperrten Hühnern schreibt
er, von mickrigen Eiern, und dass das
Osterfest wohl ausfallen wird.

Die Zeitungsleute reagieren sofort. Auf Ostern will nämlich keiner verzichten! Ein Jahr ohne Ostern, das ist wie ein Sommer ohne Schwimmbad.

„Rettet das Osterfest!" und „Lasst die Hühner frei!", schreiben die Journalisten auf die Titelseite der nächsten Zeitung. Sogar das Fernsehen berichtet von der bevorstehenden Osterkatastrophe.

Bei Bauer Merschmann steht das Telefon nicht mehr still. Anrufer von nah und fern bitten ihn, doch seine Hühner freizulassen.

Als Meverik und Melvine ihren Freundinnen am nächsten Tag einen Besuch abstatten, schlagen sie einen doppelten Salto vor Freude: Das Federvieh ist wieder frei! Glücklich und vergnügt scharrt und gackert es auf den Wiesen herum. Und die ersten Prachteier leuchten bereits im Stroh.

Meverik und Melvine klatschen die Pfoten zusammen. Das ist gerade noch mal gut gegangen! Aber schließlich sind Osterhasen ja keine Angsthasen!

Osterfest im Krankenhaus

Ausgerechnet kurz vor Ostern muss die Großmutter ins Krankenhaus. Dabei haben sich Ella und Alex so auf das gemeinsame Eiersuchen gefreut. Oma ist immer so lustig dabei. Sie gackert wie ein Huhn und macht noch allen möglichen anderen Quatsch.

Ella und Alex sind sich einig: Ostern ohne Oma geht nicht. Und überhaupt vermissen sie sie bereits am ersten Tag.

„Wenn sich die Oma ganz doll freut, wird sie doch bestimmt schneller gesund, oder?", fragt Ella ihren Vater.

Daran besteht für den Vater kein Zweifel.

Ab jetzt steht für Ella fest: Dieses Jahr wird Ostern im Krankenhaus gefeiert. Gackern kann die Oma schließlich auch im Bett.

Sofort weiht Ella ihren Bruder in ihren Plan ein. „Zuerst gehen wir Eier sammeln, Alex. Für Oma und die anderen Omas. Bei Edeka und im Supermarkt. Wir sagen, es ist für das Krankenhaus, und dann wird es schon klappen."

„Und dann malen wir schöne Bilder und kleben sie vorne und hinten an die Betten", schlägt Alex vor. „Als Oster-dekoration."

„Abgemacht!" Die beiden klatschen ihre Hände zusammen und machen sich gleich auf den Weg.

Bei Edeka haben sie Glück. Der Ver-käufer kennt die Kinder, und auch an die

Großmutter kann er sich gut erinnern. Verständnisvoll schenkt er ihnen vier Osterhasen aus Schokolade.

Im Supermarkt klappt es leider nicht.

Aber immerhin haben sie schon vier Hasen zusammen. Wenn sie noch etwas von ihren eigenen Osterschleckereien dazutun, wird es schon reichen.

Mit Feuereifer malen Ella und Alex nun Osterbilder: Hasen, Eier und Blumen kreuz und quer durcheinander. Alex malt sogar ein Hasenkrankenhaus mit vielen kranken Hasen. Einer hat einen dicken Verband um die Ohren.

Als der Vater nach Hause kommt, wird auch er von Bastellust gepackt. Er holt Papier aus seinem Büro und macht ein paar Skizzen. Skizzen macht der Vater nämlich immer. Sogar wenn er Kuchen backt.

Dann klebt er drei Blätter Papier an den schmalen Seiten zusammen und faltet eine Ziehharmonika, so breit wie eine Kinderhand. Auf die Ziehharmonika zeichnet der Vater eine merkwürdige Linie, aus der Ella und Alex erst gar nicht schlau werden. An dieser Linie schneidet er das Papier ab und zieht die Ziehharmonika wieder auseinander. Sechs ausgeschnittene Papierhasen kommen zum Vorschein und reichen sich tanzend die Hände.

„Boh!", ruft Ella. „Du kannst ja zaubern, Papa!"

Der Vater faltet neun weitere Zieh-
harmonikas, zeichnet neun weitere halbe
Hasen, und Ella und Alex schneiden das
Papier an den Kanten ab. Die Mini-
girlanden kleben sie zu einer einzigen
großen zusammen. Noch ein paar Farb-
tupfer drauf und fertig.

„Superspitzenmäßig", freut sich Alex
und strahlt.

Alle drei können Ostern kaum noch erwarten. Dann, am Ostersonntag, startet
die Überraschung.

„Der Osterhase hat was abgegeben!",
verkünden Ella und Alex den alten Damen.
„Weil ihr ja im Krankenhaus liegt."

„Wie bitte?", fragt eine der Damen und
hält eine Hand ans Ohr. „Wer ist nicht
mehr am Leben?"

„Nein, nein! Der Osterhase hat was abgegeben!", sagt Ella so laut sie kann.

Alex klebt fix die Bilder an Betten
und Schränke und der Vater hängt die
prächtige Girlande auf. Es sieht plötzlich

sehr, sehr österlich aus. Die Ahs und Ohs der staunenden Patientinnen nehmen gar kein Ende.

„Jetzt alle die Augen zu!", kräht Ella fröhlich und versteckt die Schokohasen und Eier unter den Bettdecken und Kopfkissen.

Als sie fertig ist, verkündet sie: „So, jetzt könnt ihr suchen."

„Gack-gack-gack-gack-gack", macht ihre Großmutter, als sie das erste Ei findet. Alle lachen los.

Angelockt von der guten Stimmung, betreten plötzlich zwei Krankenschwestern das Zimmer. Zuerst bekommen sie einen gehörigen Schreck und schauen streng in die Runde. Mit einer Osterparty haben sie nämlich nicht gerechnet.

Aber lachende Patientinnen sind auf dem besten Weg, gesund zu werden. Da zwinkern die Schwestern Ella und Alex verschwörerisch zu. Denn Lachen ist schließlich die beste Medizin!

Huhn oder Ei?

Nadja kann es kaum noch erwarten. In drei Tagen beginnen die Osterferien.

„Heute noch und morgen", denkt sie immer wieder, „dann sind Ferien!" Der Schulweg kommt ihr plötzlich ganz kurz vor.

Klassenlehrer Bertram hat sich für die letzten Tage noch etwas Besonderes ausgedacht. „Was war zuerst da, das Huhn oder das Ei?", fragt er die Klasse und schaut spitzbübisch in die Runde.

„Hä?", entfährt es Paul, dem Frechsten in der Klasse. „Was ist denn das für eine komische Frage?"

Herr Bertram lässt sich nicht beirren. „Was war zuerst da, das Huhn oder das Ei? Das ist doch eine wichtige Frage kurz vor Ostern."

Alle schauen ratlos aus der Wäsche.

„Das Huhn war zuerst da", meldet sich Nadja. „Das Huhn legt doch das Ei."

„Aber das Huhn kommt aus dem Ei", hält Juri dagegen. „Das Ei war zuerst da!"

Nadja denkt an die Hühner zu Hause. Sie

kennt jedes Einzelne. Aber was zuerst da war, das Huhn oder das Ei? Darüber hat sie sich noch nie Gedanken gemacht.

Weil niemand eine Antwort weiß, bittet Herr Bertram die Kinder, etwas zu malen oder zu basteln. Alles, was ihnen zu dem Thema einfällt. Als Hausaufgabe. Vielleicht findet sich ja so eine Lösung.

Gleich nach der Schule hockt sich Nadja mitten in den Hühnerstall. Mimi, ihre Lieblingshenne, brütet gerade. Mimi sitzt und sitzt und sitzt. So lange, bis winzig kleine Piepserchen die Schale durchpicken werden.

Nadja freut sich auf die Küken. Wie kleine Federbällchen sehen sie aus. Ganz leicht und flauschig. Und plötzlich weiß Nadja, was sie basteln wird.

Sie sucht Stoffreste, Filzstifte und Uhu zusammen und legt los. Aus rotem Stoff schneidet sie einen Kamm und zwei rote Bäckchen zurecht und klebt sie an ein Ei. Dann kommen zwei braune Flügel hinzu und ein Schwanz. Zum Schluss noch ein dunkles Augenpaar, und fertig ist ein Huhn. Nadja setzt es behutsam in ein winziges Nest aus Stroh.

Am nächsten Tag zeigen die Kinder ihre Bilder und Basteleien. Nadja lässt ihr Eierhuhn nicht aus den Augen. Von außen sieht es aus wie ein Huhn. Aber innen drin ist ein Ei versteckt.

„Ich glaube, das Huhn und das Ei gehören zusammen", erklärt sie, als sie dran ist. „Man kann es irgendwie nicht trennen. Das Huhn hat das Ei in seinem Bauch und das Ei das Huhn. Sie sind eins."
Nadjas Lösung gefällt Herrn Bertram. Auch die anderen finden sie gut.

„Vielleicht ist es ja mit allem im Leben so", überlegt Herr Bertram. „Vielleicht gehört ja in Wirklichkeit alles zusammen. Unsere Hände gehören zu unserem Körper. Ihr gehört zu dieser Klasse. Menschen, Tiere und Pflanzen gehören zur Erde. Und Erde, Sonne und Sterne gehören zum Himmelszelt ..."

„Bestimmt ist es so", denkt Nadja bei sich.

Erklären kann sie das allerdings nicht. Aber es macht ihr ein schönes Gefühl. Und sie knufft ihre Banknachbarin liebevoll in die Seite.

Eierköpfe

„Dieses Jahr gewinnen wir, das steht ja wohl fest", sagt Willi.

Sein Freund Lars nickt. Es geht um den Osterwettbewerb der Bank. Wer die beste Bastelidee hat, ist Sieger.

Willis Einfall ist ziemlich verrückt. Er will die Köpfe der Angestellten auf Ostereiern verewigen. Porträts anfertigen sozusagen.

Eine halbe Stunde sind die Freunde nun schon in der Bank und beobachten die Angestellten. Genauer gesagt, beobachten sie ihre Köpfe.

„Die Augenfarben müssen unbedingt stimmen", flüstert Willi. „Sonst gewinnen wir die Fahrräder nie!"

„Dann musst du weiter nach vorne gehn. An den Schalter", tuschelt Lars zurück. „Von hier hinten kann man die Augen nicht sehen."

„Und was soll ich am Schalter? Einfach blöd rumstehen?", fragt Willi unsicher.

„Du könntest doch Geld wechseln."

Willi fischt drei Euro aus seiner Hosentasche und schlendert nach vorne.

„Bitte in Zehncentstücke wechseln",
sagt er mit dünner Stimme und legt die
Münzen auf den Schalter.

Frau Mevert arbeitet schon lange in der
Bank und wechselt das Geld so schnell,
dass Willi ihre Augenfarbe nicht erkennen
kann.

Deshalb versucht Lars sein Glück. „In
Fünfzigcentstücke wechseln, bitte", sagt
er und legt die Zehncentstücke hin. Dabei
schaut er Frau Mevert fest in die Augen.
Sie sind blau.

Ermutigt schwenkt Lars gleich zu Herrn
Seidlich an den Nachbarschalter.

„Bitte in Euromünzen wechseln."

Herr Seidlich wechselt. Und weil die
Augenfarbe mancher Angestellten gar
nicht so leicht zu erkennen ist, dauert
die Wechselei eine volle Stunde.

Am Schluss sind alle Augenfarben
identifiziert.

Nachmittags pusten die Freunde bei
Lars Hühnereier aus.

„Ich kann nicht mehr", ächzt Willi.
„Meine Backen platzen gleich."

„Quatsch, die können nicht platzen. Mach weiter."

Mit Wollresten, Blumendraht und Filzstiften geht es dann an die Arbeit. Als Erstes kommt Herr Seidlich dran. Lars malt ihm graue Augen, riesige Ohren und eine Krawatte. Herr Seidlich hat eine Glatze und ist deshalb ziemlich schnell fertig.

Frau Merz ist da schon schwieriger.

Mit Wolle gelingen ihre roten Locken einfach nicht, denn Wolle ist glatt. Deshalb malt Willi dutzende roter Kringel auf das Ei. Dann noch einen großen roten Mund und blaue Augen.

Willi ist zufrieden und macht gleich mit Frau Mevert weiter. Er schnippelt kurze braune Fäden und klebt sie mit Uhu fest. Das sind Frau Meverts Stoppelhaare. Einfach sind die nicht gerade. Und ihre Ohrringe sind noch schwieriger. Willi biegt sie aus Draht und klebt sie mit Wollschlaufen an den Seiten fest.

Herr Kalwert und Frau Lech gehen danach schon flotter von der Hand. Noch vor dem Abendbrot sind alle fertig.

Willi und Lars sind zufrieden. Sämtliche Angestellte sind eindeutig zu erkennen, finden sie.

Am nächsten Tag überreichen die Freunde mit Herzklopfen ihre kunstvollen Eier. Die ganze Belegschaft läuft zusammen und die Bankkunden dazu.

Im ersten Moment herrscht Totenstille. Niemand sagt ein Wort und Herr Seidlich streicht verlegen über seine Glatze.

„Haben wir vielleicht Eierköpfe!", platzt er dann raus und lacht.

„Das stimmt allerdings", kichern jetzt auch die Frauen. Schließlich halten sich alle die Bäuche vor Lachen.

Nun ist sonnenklar, warum die zwei Jungen ihnen am Vortag dermaßen auf die Nerven gegangen sind.

Natürlich haben auch andere Kinder tolle Ideen gehabt. Sogar Eierbecher aus Lockenwicklern liegen in einer Vitrine. Doch nichts hat die Leute in der Bank so zum Lachen gebracht wie Willis und Lars' Eierköpfe.

Eine Woche später stehen die Gewinner des Wettbewerbs fest.

Nun ratet mal, wer die zwei Fahrräder gewonnen hat! Na, wer wohl?

Die Erfindung des Eiermaltanzes

Vor vielen hundert Jahren sah das Leben der Osterhasen noch ganz anders aus als heutzutage. Die Hasen lebten in riesigen Wäldern, Menschen gab es wenige, und die Zwerge des Waldes halfen den Langohren bei ihrer Arbeit.

Als der Wald mehr und mehr dem Ackerbau und der Viehzucht weichen musste, verschwanden mit ihm auch die Zwerge. Denn Zwerge sind äußerst scheu.

Für die Osterhasen begann eine schwierige Zeit. Die Menschen vermehrten sich kräftig und alle wollten mit Ostereiern versorgt werden. Ohne die Hilfe der Zwerge war das beim besten Willen nicht mehr zu schaffen.

Die Hasen gerieten in Stress. Wenn sie das Wort „Ostern" nur hörten, bekamen sie schon Schweißausbrüche.

Das konnte Großmutter Weißnase

schließlich nicht mehr mit ansehen. So konnte es einfach nicht weitergehen! Das war doch kein Hasenleben mehr! Deshalb zog sie sich tief in den Wald zurück, um in aller Ruhe nachzudenken.

Am Abend tauchte Weißnase gut gelaunt wieder auf und lud die anderen Hasen zu einer Vorführung ein. Gespannt hoppelten alle Hasen herbei.

Als sie den Bühnenvorhang aus Tannenzweigen zur Seite schob, trat das Tanzwiesel hervor. Es drehte elegante

Pirouetten und balancierte dabei ein
Ei auf dem Kopf. Die Hasen waren begeistert. Das war höchste Tanzakrobatik!

Aber das Beste sollte noch kommen.
Großmutter Weißnase tauchte die Spitze
eines Ohres in einen Topf mit Farbe und
hielt sie an das drehende Ei.

Die Hasen reckten die Löffel vor Staunen und beobachteten, wie eine wunderschöne Spirale entstand. Das Tanzwiesel schnappte sich immer wieder ein neues Ei und in Windeseile war ein ganzer Korb mit toll verzierten Eiern voll.

So erfand Großmutter Weißnase den Eiermaltanz. Er war einfach und genial, wie alle großen Erfindungen.

„So können wir die Arbeit locker schaffen!", jubelten die Hasen begeistert.

Und sogar die Hasenkinder wollten mitmachen, so viel Spaß machte es.

Dieser überaus bedeutende Tag wird noch heute von den Osterhasen gefeiert. Denn wenn Hasen etwas schlimm finden, dann sind das Schweißausbrüche kurz vor Ostern.

Das größte Ei
der Welt

Als Lias Mutter spät am Abend von der Stadtratssitzung nach Hause kommt, macht sie ein Gesicht wie dreimal aufgewärmter Spinat.

„Ich soll schon wieder den Ostermarkt organisieren", schimpft sie los. „Nur weil ich die Einzige bin, die noch Kinder zu Hause hat."

„Die anderen haben bestimmt keine Ideen mehr", versucht Lia ihre Mutter zu trösten.

„Diesmal hab ich auch keine. Eier verstecken, Eierlampions, Eierlikör, Eier- laufen ... Alles schon mal da gewesen."

Hilfe suchend schaut sie in die Runde. Der Vater hat auch keine Idee und setzt erst mal Teewasser auf.

In Lias Hirn rattert und knattert es. „Wie wär's mit dem größten Ei der Welt?", platzt sie dann heraus.

„Und wer soll das, bitte, legen?", fragt die Mutter.

„Doch nicht legen!", ereifert sich Lia. „Basteln!"

Jetzt versteht auch die Mutter. Und je länger sie über Lias Einfall nachdenkt, desto besser findet sie ihn.

Zwei Tage später steht es in der Zeitung:

Die größten gebastelten Ostereier der Stadt werden auf dem diesjährigen Ostermarkt versteigert. Der Erlös dient als Zuschuss für den neuen Abenteuerspielplatz. Alle können teilnehmen.

Die Nachricht verbreitet sich in Windeseile. Alle Kinder wollen mitmachen. Denn alle wollen den Abenteuerspielplatz!

Lia und ihre Schwester Jeannette stecken die Köpfe zusammen. Große Eier sind gar nicht so leicht zu basteln, das wird ihnen schnell klar. Aus Baumstämmen jedenfalls können sie keine schnitzen. Und Rieseneier aus Wackelpudding sind vielleicht auch nicht ganz das Richtige.

„Vielleicht sollten wir dieses weiße Quietschezeug nehmen", überlegt Jeannette. „Styropor oder wie das heißt. Das ist leicht und trotzdem ziemlich stabil. Ich glaube, wir haben noch Styropor. In dem alten Fernsehkarton auf dem Dachboden."

Gesagt, getan. Die Mädchen holen das Styropor, brechen es in faustgroße Stücke und kleben die Teile neu zusammen. Nach und nach entstehen so zwei riesige Eier. Ritzen und Lücken stopfen sie mit Papier aus.

„Das sind super Dinoeier", strahlt Lia. „Sind nur ein bisschen langweilig, so ohne Farbe."

Mit großen Anstreicherpinseln und Farbresten aus dem Keller zaubern die Mädchen eine prachtvolle Osterbemalung.

Ostermontag ist es so weit. Lia und Jeannette machen sich mit den Eltern auf den Weg. Ihre Dinoeier haben sie bereits ein paar Tage vorher im Rathaus abgegeben.

Hunderte von Menschen tummeln sich auf dem Marktplatz, als sie dort eintreffen. Auf einem Podest reihen sich Dutzende von Ostereiern dicht an dicht. Eine richtige Eierpracht ist das.

„In der letzten Reihe sind unsere",
flüstert Lia. „Bei den ganz großen."

Dann betritt ein Mann das Podest. Er hat ein Mikrofon in der Hand.

„Herzlich willkommen, liebe Osterfreunde! Herzlich willkommen zu unserer Eierauktion!", begrüßt er die Anwesenden. „Wie ihr ja alle wisst, dient unsere Versteigerung einer guten Sache! Mit dem Geld soll der Grundstein für einen

Abenteuerspielplatz gelegt werden. Ich bitte also um großzügige Angebote!"

Die Zuhörer klatschen Beifall.

„Wer bietet vier Euro für dieses zauberhafte Ei?", schallt es durch die Lautsprecher und die Versteigerung beginnt.

Das Ei, das der Versteigerer in der Hand hält, ist etwa so groß wie sein Kopf. „Ein Ei aus Pappmaschee, bemalt mit Osterhasen, die Handstand machen.

Ein wertvolles Einzelstück, wie uns die Künstlerin versicherte!", ruft der Mann in sein Mikro.

„Vier Euro!" ruft jemand aus dem Publikum.

„Vier Euro für einen guten Zweck! Wer bietet mehr?", feuert der Versteigerer die Menge an.

So geht es eine ganze Weile hin und her und schließlich wird das Ei von Polizist Krause ersteigert. Für ganze acht Euro.

„Wenn so ein kleines Ei schon acht Euro bringt, kriegen wir für unseres bestimmt fünfzig", freut sich Lia.

Nach einer halben Ewigkeit sind endlich ihre Dinoeier dran.

„Und nun, meine Damen und Herren, liebe Kinder, haben wir hier zwei einmalige Kostbarkeiten! Echte Dinosaurier-Eier! Frisch aus dem Jurassic-Park! Die optimale Osterdekoration für die Schaufenster unserer Stadt!"

Ein Raunen geht durch die anwesenden Geschäftsleute. Dann kommt Stimmung auf. Zwanzig Euro bietet jemand. Dann fünfundzwanzig. Lebensmittelhändler Willemsen bietet dreißig Euro.

„Dreißig Euro für den Abenteuerspielplatz", ruft der Versteigerer. „Wer bietet mehr?"

Und es wird weiter geboten. Vierzig Euro! Fünfzig! Sechzig Euro!

Lia und Jeannette drücken die Daumen, bis es wehtut.

„Fünfundsechzig!", ruft Lias Vater.

„Siebzig!", hält Willemsen dagegen.

Denn wann bekommt man schon Dinosaurier-Eier? Herr Willemsen erhält den Zuschlag. Er ist sichtlich zufrieden.

Nach und nach wechseln fast alle Eier ihre Besitzer.

Am Ende der Versteigerung betritt Lias Mutter das Podest. „Liebe Kinder, liebe Erwachsene. Herzlichen Dank für eure tatkräftige Mitarbeit. Die versteigerten Kunstwerke haben stolze eintausendundzehn Euro eingebracht. Bravo! Das reicht für eine Tarzanschaukel!"

Die umstehenden Menschen klatschen begeistert Beifall.

„Juhuuu!", jubeln die Kinder. Eine Minute später poltern und toben sie ausgelassen auf dem Podest herum. Mittendrin Lia und ihre Schwester Jeannette. Die einzigen Dino-Ei-Expertinnen der Stadt.

Christina Koenig wurde in Westfalen geboren und lebt heute in einem brandenburgischen Dörfchen bei Rheinsberg. Sie hat verschiedene Berufe ausgeübt, war Mitglied eines Marionettentheaters und studierte in Berlin und Rio de Janeiro Film und Kommunikation. Heute schreibt sie mit Lust und Liebe Bücher und Drehbücher und freut sich über Post, die der Verlag gern weiterleitet.

Kerstin Völker, geboren 1968 in Bad Schwartau, lebt und arbeitet heute in Hannover. Nach dem Grafik-Design-Studium, Praktikum und anschließender freier Mitarbeit in der Werbung liegt der Schwerpunkt ihrer Arbeit heute in der Illustration von Büchern, Zeitschriften und Spielen für Kinder aller Altersgruppen. Gelegentlich ist sie auch selbst als Autorin tätig.

Leselöwen

In diesem Schuber geht es bunt zu: Wunderschöne Pferde galoppieren über die Weide und freche Ponys haben nichts als Flausen im Kopf. Daneben treiben furchtlose Piraten ihr Unwesen und clevere Schatzjäger versuchen ihr Glück. Wer dann auch noch einen Blick ins Klassenzimmer wagt, wird sehen: Hier ist jede Menge los!

Band 1

Band 2

Band 3

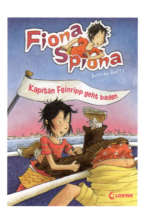

Band 4

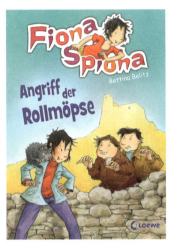

Band 5

Fiona ist genervt! Sie hat absolut keine Lust, mit ihren blöden Cousins, den „Rollmöpsen", einen Ausflug auf eine alte Burg zu machen. Das wird bestimmt todlangweilig! Doch Fiona merkt schnell, dass auf der Burg seltsame Dinge vor sich gehen. Und dann verschwindet auch noch ihre beste Freundin Leonie spurlos. Jetzt ist Fionas Fähigkeit als Gedankenleserin gefragt …

Das geheime Dinoversum

Band 1

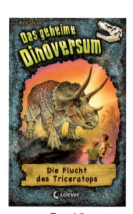

Band 2

Band 3

Band 4

LIES ALLE ABENTEUER

Band 5

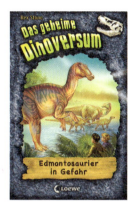

Band 6

Plötzlich öffnet sich die Höhlenwand!
Vor Jan und Tim liegt das geheime Dinoversum –
eine Welt voll echter, lebendiger Dinosaurier!
Zusammen mit ihrem Freund Wanna
erleben Jan und Tim aufregende
Abenteuer in der Dino-Welt!